ORAÇÕES DO COSMOS

ORAÇÕES DO COSMOS

Reflexões sobre as Palavras de Jesus em Aramaico

Tradução do aramaico e comentários de
NEIL DOUGLAS-KLOTZ

Prefácio de MATTHEW FOX

Tradução
Sabira Christina
Lourdes Cordeiro

TRIOM

Centro de Estudos Marina e Martin Harvey
Editorial e Comercial Ltda
3ª edição - reimpressão
São Paulo - 2016

Título Original
Prayers of the Cosmos
Meditations on the Aramaic Words of Jesus

Primeira publicação em brochura: HarperCollins,1994

TRIOM - Centro de Estudos Marina e Martin Harvey
Editorial e Comercial Ltda.
E-mail: editora@triom.com.br
www.triom.com.br

Tradução: Sabira Christina e Lourdes Cordeiro
Revisão: Sophia Shepard e Ruth Cunha Cintra
Revisão gráfica: Adriana C. L. da Cunha Cintra
Capa: Sharon Smith
Diagramação: Casa de Tipos Bureau e Editora Ltda.

Dados Internacionais de Catalogação na Publicação (CIP)
(Câmara Brasileira do Livro, SP, Brasil)

Douglas-Klotz, Neil

Orações do cosmos : reflexões sobre as palavras de Jesus em aramaico / Neil Douglas-Klotz ; prefácio de Matthew Fox ; tradução (português) Sabira Christina, Lourdes Cordeiro. – São Paulo : TRIOM, 1999.

Título original : Prayers of the cosmos.
Bibliografia.
ISBN 85-8564-21-6

1. Aramaico - Traduções para o português 2. Bem-aventuranças - Meditações 3. Bíblia. N. T. Evangelhos - Linguagem, estilo 4. Jesus Cristo - Palavras - Meditações 5. Pai Nosso - Meditações I. Fox, Matthew. II. Título. III. Título: Reflexões sobre as palavras de Jesus em Aramaico.

98-5780 CDD-232.954

Índice para catálogo sistemático:
1. Jesus Cristo : Palavras em aramaico : Cristianismo 232.954

Para Khalida, que me ensinou a perseverar.

"Bem-aventurados são aqueles que
semeam a paz em cada estação."

Agradecimentos

Além das pessoas que menciono na introdução, professo meus agradecimentos a muitos amigos, alunos, professores e colaboradores que, durante todos esses anos, me encorajaram na realização deste projeto. Entre estes incluo Matthew Fox, alunos e professores do Instituto de Cultura e Espiritualidade da Creação em Oakland, California, Murshida Vera J. Corda, Br. Joseph Kilikevice, O.P., Murshid Moineddin Jablonski, Pir Vilayat Inayat Khan, Frida Waterhouse (falecida), Jodean Johnson, Violetta Reiser, Zamyat Kirby, Tasnim Fernandez, e muitos outros.

Agradecimentos especiais vão para Vedanta Society de São Francisco e os monjes do seu retiro rural que providenciaram e preservaram a sagrada atmosfera da natureza onde este trabalho pôde ser concluído.

Sumário

Prefácio

Leitor, cuidado! Apesar de breve, este livro contém as sementes de uma revolução.

Aqueles que entendem o que acontece numa mudança de paradigma, imediatamente compreenderão o poder deste pequeno livro. Uma mudança de paradigma requer lentes novas para que se possa olhar de maneira nova os tesouros que herdamos. Em geral, as traduções dos nossos místicos são afetadas pela ideologia ou visão do mundo daqueles que as fizeram, e o mesmo acontece com as traduções das Sagradas Escrituras. Aqueles que perderam a cosmologia e o misticismo que as impregnaram, dificilmente poderiam reconhecê-los ao traduzirem a Bíblia para nós.

Os antigos monges que cantavam diariamente as Escrituras, atestaram que elas devem ser experienciadas com o coração e não apenas estudadas com a mente. Hoje em dia muito se treina os jovens estudantes para a compreensão dos textos sagrados, mas quase nada se faz para o seu entendimento e vivência interiores. O misticismo – banido há quase três séculos da nossa vida acadêmica – raramente emerge das páginas impressas dos tradutores, que se aprofundaram nas palavras, mas nem sempre penetraram na música do espírito e da intenção do autor. Ao se tornar muito familiar, rotineira – preces memorizadas em vez de palavras vividas – a religião é paralisada e perde a sua capacidade de transformação. As Escrituras tornam-se então propriedade de especialistas.

Quão perturbador e refrescante é, nesse contexto, o esforço de Neil Douglas-Klotz para recuperar a linguagem nativa do Oriente Médio – o aramaico que Jesus falou! Quanta expressão de consciência e de coração, quanto "fluir" profético pode resultar ao ouvirmos, por exemplo, que as palavras que foram traduzidas por "sêde perfeitos como o vosso Pai celestial é perfeito", em verdade significa "sêde o todo-abarcante, o todo-onipresente", ou que "estai saciados" significa "estai rodeados por frutos"; que "abençoados são os fracos, pois herdarão a terra" também quer dizer "tornai suave o que por dentro é rígido e recebereis vigor físico e a força do universo"; que "abençoados são os puros de coração" significa "abençoados aqueles cuja paixão é eletrizada por um profundo e contínuo propósito"; que "céu" em aramaico quer dizer de fato "o universo" e que as palavras tão familiares "não nos deixeis cair em tentação" podem ser traduzidas por "não permitas que a superfície das coisas nos iluda, mas libera-nos daquilo que nos detém". Poderíamos tornar-nos mais cosmológicos do que isto? Não ganham as palavras de Jesus uma nova vida e vigor nesta nova versão dos seus ensinamentos?

As traduções de Douglas-Klotz também revelam a compreensão e a extensão da "força feminina" nas palavras de Jesus. O termo que Ele usa e que tradicionalmente foi traduzido por "reino", é relacionado à palavra que, no Oriente Médio designa a "Grande Mãe", e a palavra traduzida por "pão de cada dia" e que quer dizer "alimento de toda espécie", foi derivada da raiz para o "feminino divino" e para Sabedoria Sagrada ou Sophia.

"Orações do Cosmos"* não é um livro sobre o misticismo na Bíblia. É uma meditação prática que pode despertar uma vez mais o místico que há dentro do leitor, assim como aconteceu há dois mil anos com aqueles que ouviram extasiados as surpreendentes palavras de Jesus. Este é um livro que nos permite experimentar mais uma vez as Escrituras através do coração, isto é, através do próprio corpo, o que significa o corpo na terra – a fonte e origem do nosso ser. A dedicação de Douglas-Klotz para içar o místico do próprio ser, e também o dos outros, através das Danças da Paz Universal, recebe um foco especial nas formas práticas das orações corporais que ele recomenda, para

* As tradutoras optaram pela grafia *cosmos*, ao invés de *cosmo*.

recuperar o sentido das Escrituras, que respiram, que são vivas. Ele realmente ensina novamente como orar os textos sagrados, para compreender que a oração é mais do que falar, ou ler. Se a mística Hildegard de Bingen tinha razão, oito séculos atrás, ao definir a oração como "inspirar e expirar a respiração una do universo", então Douglas-Klotz também tem razão em insistir que dancemos – o que significa respirar novamente as Escrituras.

A versão do Pai Nosso, de Douglas-Klotz, é como um comentário. Durante séculos, teólogos ofereceram-nos comentários sobre a oração de Jesus, mas estes são diferentes de todos os outros. Abraçam, dão suporte e desafiam. Mostram-nos como Jesus esteve aberto à cosmologia e abrem para ela os nossos corações. Os comentários de Douglas-Klotz permitem, pois, que a nossa herança bíblica mova-nos uma vez mais, possivelmente até a nossa transformação.

Dou as boas vindas a este livro e aos ricos frutos que certamente carregará.

Matthew Fox
Diretor Fundador do
Institute of Culture and Creation Spirituality
(Instituto de Cultura e Espiritualidade da Creação)

ORAÇÕES DO COSMOS

INTRODUÇÃO

A riqueza de expressão, presente no aramaico, língua nativa de Jesus, é um tesouro que foi perdido ou, durante muito tempo, restrito apenas aos eruditos. Descobrir esse tesouro, para participar da tradição profética e mística que Jesus representou, é o desafio que devemos propor a nós mesmos, e isso é bem diferente da nossa maneira habitual de pensar.

A tradição – do misticismo do Oriente Médio e também do misticismo hebraico – diz que cada afirmação de um ensinamento sagrado deveria ser examinada, no mínimo, sob três pontos de vista: intelectual, metafórico e universal (ou místico). Sob o primeiro ponto de vista, consideramos o valor aparente, ou superficial, das palavras em questão; o que os modernos chamariam de significado "literal". De acordo, porém, com o misticismo do Oriente Médio, cada palavra aramaica apresenta várias traduções literais possíveis. Por exemplo, "Bem-aventurados os mansos, porque possuirão a terra", poderia facilmente ser traduzido como "abençoados são aqueles que tornaram suave a sua rigidez interior". A palavra para "terra" em aramaico também possui os significados de "telúrico", "a abundância natural da natureza" e "tudo o que aparece em formas peculiares". Para compreender, porém, como tudo isso é relacionado temos que avançar mais.

Sob o segundo ponto de vista, consideramos como um enunciado, ou história, apresentando uma metáfora para nossas vidas, ou a vida de uma comunidade. Devemos então despertar nossa sensibilidade poética e participar da re-creação do sentido a partir de várias traduções literais possíveis. Em relação às palavras de Jesus, onde se encontram os pontos rígidos em nossa vida ou na vida da nossa sociedade? E como eles nos impedem de receber e manter a abundância da natureza?

No terceiro ponto de vista, o universal ou místico, chega-se à verdade da experiência, indicada por uma frase em particular. Aqui devemos ver a oração como sendo mais que uma afirmação ou um pedido, e a parábola como sendo mais que uma metáfora. Devemos abraçar a experiência sem palavras que nos é indicada pela palavra viva do místico. Para continuar o exemplo anterior, confrontamo-nos com a pergunta: O que as palavras *rígido* e *suave* têm a ver com a minha experiência da vida, do cosmos, de Deus? Quais os sentimentos que evocam em mim os sons das palavras-chave em aramaico? Como posso atuar de maneira responsável a partir dessa nova compreensão? Não existem respostas prontas para estas perguntas. Elas nos desafiam para a busca de uma resposta individual.

Para um místico do Oriente Médio, como Jesus, nenhum desses pontos de vista exclui os outros. Recebem-se todos os possíveis significados das frases sagradas chaves e orações, e deixa-se que elas trabalhem internamente. De acordo com o sábio hebreu Fabre d'Olivet (1815), um erudito da linguagem, em *The Hebraic Tongue Restored*, a tragédia da tradução bíblica reside no fato de que expressões que deveriam ressoar em seus mais variados níveis de significado no mínimo, o intelectual, o metafórico e o universal foram reduzidas, ao ponto de tornarem-se "completamente desfiguradas na sua natureza... restritas a expressões materiais e particulares". Esta tendência para dividir, fragmentar e seccionar em demasia foi a tônica de toda a era Newtoniana. Não é de admirar, pois, que as traduções místicas tenham se sentido tão pouco à vontade num período em que incidia uma repressão tão tenaz à cosmologia mística. Com o advento da civilização moderna, infiltrou-se em nossa linguagem uma divisão não natural entre Deus, natureza e humanidade, totalmente desconhecida por pessoas que viviam próximas à terra.

Algumas das nossas dificuldades podem ser remetidas à fonte dos nossos textos e do nosso pensamento. A maioria das traduções das palavras de Jesus foi feita a partir do grego, uma língua bem diferente do aramaico, a língua comumente falada em todo o Oriente Médio no tempo de Jesus, e na qual Ele transmitiu os seus ensinamentos (o hebraico foi, antes de tudo, nesse período, a língua utilizada no templo). De acordo com alguns eruditos, o aramaico estruturou-se a partir do hebraico antigo, enquanto outros sustentam que ele é mais antigo do que o hebraico, tendo a sua origem em raízes mais remotas do Oriente Médio. Embora o grego tenha sido introduzido no Oriente Médio após a conquista de Alexandre, o Grande, nunca se tornou a língua dos povos nativos. O aramaico serviu como língua franca até ser substituído por uma língua dele derivada – o árabe – na época da ascensão do Islã. Mesmo assim o aramaico continuou a ser falado no Oriente Médio até o século XIX, e ainda é usado em regiões da Síria, bem como em toda a igreja do Oriente.

Bem distinto do grego, o aramaico não tem divisões rígidas entre meios e fins, ou entre qualidades internas e ação externa. Ambos estão sempre presentes. Quando Jesus refere-se ao "reino dos céus", este reino está sempre *dentro* e *em volta* de nós. Da mesma maneira, "vizinho" está tanto fora como dentro, como o próprio "eu" que devemos amar na mesma medida em que amamos o "vizinho". Diferente do grego, o aramaico apresenta uma visão fluida e holística do cosmos.

Aquelas fronteiras arbitrárias do grego entre "mente", "corpo" e "espírito" não existem.

Além disso, da mesma maneira como as línguas irmãs – hebraico e árabe – o aramaico pode expressar diferentes níveis de significado. As palavras são organizadas e definidas com base num sistema poético de raiz e molde, de modo que cada uma delas pode ter vários significados que, à primeira vista, parecem não ter nada a ver um com o outro, mas que, após certa contemplação, revelam uma conexão interior. Por exemplo, a mesma palavra pode ser traduzida por "nome", "luz", "som" ou "experiência". Diante de tal variedade, faz-se necessário olhar para cada palavra, ou frase, a partir de diferentes pontos de vista – tanto aqueles acima mencionados, como outros possíveis. Jesus demonstrou maestria neste uso de linguagem transformativa, que sobrevive mesmo através de traduções inadequadas.

Outra reflexão é que a língua aramaica está muito próxima da terra, rica em imagens de plantio e colheita, cheia de visões do milagre natural do cosmos. "Céu" em aramaico não é um conceito metafísico, mas apresenta a imagem "dá luz e do som resplandecendo através de toda a creação"*. Como os seus anteces-

* *Crear* (do latim *creator) como Humberto Rohden sugeria para o ato supremo de "dar origem", "tirar do nada".* (NT)

sores nativos do Oriente Médio e como outras línguas nativas antigas ao redor do planeta, o aramaico é rico em som e significado, isto é, torna-se possível sentir direção, cor, movimento e outras sensações, à medida que certas palavras sagradas ressoam em nosso corpo. Essa ressonância corporal era outra configuração de significado para os ouvintes de Jesus e para o místico do Oriente Médio. De fato, este escritor encontra semelhanças entre algumas das mais importantes palavras usadas por Jesus e palavras usadas em cânticos nativos do Oriente Médio por milhares de anos antes do seu tempo.

Organização deste livro

Devido às qualidades especiais do aramaico e do misticismo judaico, enfrentei o desafio de montar uma estrutura que pudesse revelar as múltiplas facetas que brilham em cada enunciado, como acontece quando se olha as várias facetas de um cristal lapidado. A maior parte deste livro considera as linhas/estrofes do Pai Nosso em aramaico. Esta prece purificadora ajuda-nos a lembrar aquilo que é importante em nossas vidas e contém os temas centrais dos ensinamentos de Jesus. Estes temas retratam o ciclo de renovação que revela a nossa jornada em espiral, através de estágios, como aqueles apresentados nos "quatro caminhos" da espiritualidade da creação – a bênção original, a liberação (deixar ir), a ruptura e a compaixão.

Primeiro, cada verso da oração é traduzido de acordo com o significado da raiz das palavras, mas a partir de diferentes pontos de vista, como foi anteriormente indicado. Segundo, há notas para o texto, de maneira que o leitor pode começar a compreender a riqueza das raízes aramaicas, e fazer as suas próprias conexões ou traduções em nível metafórico. Terceiro, acrescentei meditações ou "orações corporais" que se direcionam a uma experiência das palavras de Jesus em nosso próprio corpo e em nossa vida. Estas orações corporais convidam-nos a participar do *som e sentimento* das palavras, como também do seu significado intelectual ou metafórico. E para aproximar-nos da experiência que Jesus ofereceu aos seus ouvintes, ampliamos a nossa compreensão além daquilo que chamamos "mente", para abranger o ser inteiro. Este é o nível de interpretação místico ou universal.

A base para estas meditações corporais origina-se em ensinamentos transmitidos oralmente na tradição mística do Oriente Médio, durante milhares de anos. Modifiquei-os para adaptá-los ao uso das pessoas hoje em dia. Não há mais "segredos" que não estejam amplamente à vista daqueles que podem compreendê-los. Sinto que a necessidade da terra é tão grande que precisamos fazer qualquer coisa que possa ajudar a reestabelecer a harmonia em toda a creação.

Depois do Pai Nosso, incluí versões das Bem-aventuranças – uma fonte muito rica dos ensinamentos de Jesus, mas as traduções existentes são muitas vezes confusas para o leitor. As Bem-aventuranças, assim como o que se lhes segue, nos Evangelhos, demonstram que o fato de incluir o nível místico da tradução clarifica uma série de dificuldades. Incluí também, para fins de comparação, versões paralelas da Bíblia oficial para cada seção. Na maioria dos casos (a não ser que haja uma tradução bastante mal feita) estas versões não estão erradas, mas o seu significado foi tão reduzido que ocasionaram distorções para o leitor. Não acredito que traduções modernas sejam substancialmente melhores; em todos os casos onde o grego serviu de fonte, as traduções geraram conceitos teológicos que são estranhos ao pensamento aramaico, assim como, eu acredito, ao próprio pensamento de Jesus.

Textos usados

A fonte evangélica para o texto é uma versão do

manuscrito aramaico da Síria, também conhecido como Versão Peshitta, preparado pelo Reverendo G. H. Gwilliam e editado pela Clarendon Press em 1901. Esta versão está disponível através da United Bible Societies. Existe ainda muita controvérsia entre os estudiosos sobre a idade e autoridade da Peshitta, bem como de outros manuscritos bíblicos antigos.

Alguns estudiosos da Bíblia acreditam que o Evangelho de Mateus foi o primeiro escrito em aramaico, e que os outros Evangelhos foram derivados desse texto, ou então, de outro hipotético documento em aramaico chamado de "Q" (do alemão *Quelle* = fonte). Outros estudiosos consideram como sendo o de Marcos o primeiro Evangelho, principalmente porque é o mais curto e talvez tenha sido até uma versão "taquigráfica". Outros ainda (sobretudo do Oriente) estão convencidos de que todos os Evangelhos foram escritos em aramaico, devido ao fato de que todos se destinaram a ouvintes judeus ou gentios (de fala aramaica). Para maiores informações, o leitor pode recorrer à bibliografia encontrada no final deste livro.

Como o Dr. George M. Lamsa, estudioso do aramaico dos anos 30, indicou em seu *Holy Bible from Ancient Eastern Manuscripts*, a Igreja do Oriente considera a Peshitta como sendo a versão mais antiga e de maior autoridade e confiança da Bíblia. Peshitta quer dizer "simples", "sincero", ou ainda "verdade".

Com respeito às palavras de Jesus, esta versão pode bem datar do século II d.C., de acordo com alguns estudiosos cristãos do Oriente.

A Igreja do Oriente sustenta que mesmo que a Peshitta não tenha sido a versão mais antiga, ela certamente está bem mais próxima da maneira de pensar de Jesus do que qualquer outra versão grega. Como Lamsa enfatiza em seu *New Testament Origin*, há bastante evidência interna para provar isto. A maioria das confusões idiomáticas nas parábolas de Jesus é imediatamente esclarecida quando elas são vistas do ponto de vista do aramaico. Essas confusões surgiram quando os tradutores trabalharam a partir de versões em latim, derivadas do grego que, por sua vez, tiveram pouca compreensão do aramaico.

Em todas as religiões da humanidade, o ensinamento sagrado sempre foi anotado na língua do fundador. Não há a menor dúvida sobre o fato de que Jesus e seus seguidores falavam o aramaico. Além disso, todas as primeiras igrejas cristãs foram semíticas em sua origem. Os Evangelhos foram escritos, primeiro, para os judeus e as "ovelhas perdidas da casa de Israel", que também falavam o aramaico.

Ainda segundo Lamsa, em *New Testament Origin*, "Nenhuma palavra do Antigo ou Novo Testamento foi escrita em grego ou em qualquer outra língua europeia. A teoria de que os ensinamentos de Jesus foram anotados em grego, certamente foi originada pelo antissemitismo... Anteriormente à ocupação britânica da Índia e do Egito, o mundo ocidental nada sabia sobre o Oriente. Praticamente tudo o que foi escrito na Alemanha, Inglaterra e Estados Unidos sobre a cristandade oriental foi por suposição ou marcado por preconceitos. Portanto, todo o corpo de evidência relativo à teologia bíblica e ao povo do Oriente deve ser reexaminado à luz dos achados atuais da língua aramaica." (p.1, 17-18)

Além disso, o preconceito que considera as versões gregas dos Evangelhos como sendo as mais autorizadas, manifesta a ignorância geral e o preconceito existente, durante séculos, com respeito às pessoas de outras culturas, por parte dos "civilizados". Felizmente, esta situação está começando a mudar. Mesmo assim, a maioria das escolas ocidentais ainda ensina que "a cultura verdadeira começou na Grécia", um fato que foi colocado largamente em descrédito pelos achados arqueológicos e antropológicos das últimas décadas. De acordo com Riane Eisler, em *The Chalice and the Blade*, tudo o que valorizamos na arte grega clássica, na sua música e espiritualidade, parece ter sido adotado de povos anteriores que adoraram a Grande Mãe e alcançaram grande grau de cultura, numa sociedade baseada na parceria e bastante livre de guerras e conflitos.

Os nativos do Oriente Médio tiveram língua, cultura e espiritualidade muito ricas, durante milhares de anos antes de Jesus. O uso inspirado que Ele fez de muitas frases sagradas antigas, anteriores à tradição hebraica, mostra que uma tradição mística nativa sobreviveu, provavelmente às escondidas, ou no deserto, antes e durante a ascensão do judaísmo ortodoxo, do cristianismo e do islamismo. Algumas escolas de sufismo alegam pertencer aos herdeiros dessa tradição nativa do Oriente Médio que precede as Escolas de Mistério do Egito.

Aqueles que se interessarem por maiores pesquisas sobre a língua aramaica, podem recorrer às obras do Dr. George M. Lamsa e do seu herdeiro nos estudos, Dr. Rocco A. Errico. Pessoalmente, sou muito grato pela cordial ajuda do Dr. Errico e suas referências para as fontes da língua aramaica, assim como pela edição da Peshitta que ele utiliza nos seus estudos. Atualmente ele está elaborando uma nova gramática do aramaico, que tornará o aprendizado básico da língua muito mais fácil do que com o uso dos textos atualmente disponíveis (ver relação bibliográfica no final deste livro).

A minha própria pesquisa das línguas do Oriente Médio, que começou há quatorze anos, adveio de um interesse pelo significado original e pelo valor do som de palavras sagradas da tradição de línguas semíticas. Fui inspirado por Samuel L. Lewis, um estudioso e místico versado em cabala (misticismo judaico), como também no cristianismo, sufismo, budismo e hinduísmo. Minha inovação, que vai além da obra dos Drs. Lamsa e Errico, foi com referência à expressão mística de Jesus – o terceiro nível – sobretudo como é encontrada nas raízes aramaicas de suas palavras.

Sendo de origem assíria, Lamsa interessava-se antes de mais nada pelo nível idiomático, e a sua própria tradução da Bíblia corrige centenas de erros desse tipo, que ocorrem em outros textos. Para abordar o terceiro nível de tradução, não é necessário apenas adquirir habilidades linguísticas, mas também estudar a ciência do som e das letras, o que é comum na tradição mística do Oriente Médio. Esta ciência aponta estados meditativos e uma percepção que precisa ser experienciada, e não apenas estudada intelectualmente. Neste trabalho, portanto, abordei as palavras de Jesus como tradutor, poeta, estudante e professor de misticismo, mais do que como teólogo. As traduções aqui apresentadas são minhas, e o leitor tem toda liberdade para chamá-las de versões ou comentários, se isso for de ajuda para assimilá-las. O efeito do "místico" não é mistificar, mas levar-nos a um melhor relacionamento com o cosmos. Esta é a herança de todas as tradições existentes.

A minha fonte principal para a interpretação das raízes aramaicas de maneira profunda foi *The Hebraic Tongue Restored*, de Fabre d'Olivet. Apesar de ter sido escrita em 1815, continua sendo a principal referência para uma interpretação completa dessas raízes. Este material sobrevive também como tradição oral no misticismo judaico (cabala) e no sufismo. D'Olivet inclui muitas referências interrelacionadas com outras línguas do Oriente Médio. Como ainda não existe um dicionário completo aramaico/inglês, é necessário procurar auxílios adicionais em vários dicionários léxicos da Síria e nas chaves para a Peshitta. Além do estudo do aramaico, foi de ajuda minha pesquisa sobre o árabe, língua derivada do aramaico.

Todas as grandes tradições contemporâneas do Oriente Médio – judaica – cristã e islâmica – originam-se de uma mesma fonte, de uma mesma terra e provavelmente de uma mesma língua. Todas elas chamaram originalmente Deus *El* ou *Al*, o que significa "Este", o "Uno", ou "Aquele que se expressa de forma única através de todas as coisas". A partir desta raiz, procedem os nomes sagrados *Elat* (antiga Canaã), *Elohim* (hebraico), *Allaha* (aramaico) e *Allah* (árabe). Se este simples fato fosse melhor conhecido, acredito que existiria mais tolerância e compreensão entre todos os que, consciente ou inconscientemente, perpetuam preconceitos referentes a tradições que, em sua essência, são irmãs.

A forma poética da maioria de minhas versões em inglês é a "linha longa" como usada nos versos de Walt Whitman e William Blake. Expresso minha gratidão ao poeta americano Robert Bly que apontou as qualidades sonoras e de repercussão desta forma, semelhante aos sons da versão King James da Bíblia. Além disso, incluí uma transliteração aproximada dos caracteres aramaicos para o inglês*, de maneira que o leitor poderá sentir o som do original, assim como o tempo, o ritmo e a vibração, como parte de sua oração corporal. Como existem vários dialetos do aramaico, e este livro é dirigido para pessoas leigas, sacrifiquei parte dos detalhes na tansliteração para poder usar caracteres comuns e não símbolos linguísticos. Os estudantes interessados podem recorrer à bibliografia que está no fim deste livro, onde encontrarão fontes para o aprendizado dos caracteres aramaicos, ou para gravações onde eles são lidos e cantados.

* *A transliteração foi igualmente adotada na tradução para o português.* (NT)

Poderão surgir perguntas sobre este livro, simplesmente porque eu abordei as palavras de Jesus e não de outro místico. "Estas versões são literais?" "São inspiradas como a versão oficial?" Estas perguntas presumem uma certa orientação teológica, baseada largamente em crenças com as quais não quero entrar em querelas. Como indiquei, pode haver muitas versões "literais" da mesma passagem em aramaico. Com respeito à segunda pergunta, acredito que a inspiração está ao nosso alcance hoje, como esteve na época da versão King James – ao alcance da experiência daqueles que seguiram as pegadas de Jesus. Ele não foi um erudito, nem teólogo, no entanto, suas palavras ecoam através das eras, até numa tradução limitada, e tocam o âmago de nossos dilemas e questionamentos. A partir desta obra espero e oro para que muitas "traduções inspiradas" ocorram, tanto nas palavras transformadoras, como nas ações daqueles que se confrontam com o Cristo Cósmico, através das palavras aramaicas de Jesus.

Neil Douglas-Klotz

PAI NOSSO
A ORAÇÃO DO SENHOR

O Pai Nosso em Aramaico

ܐܒܘܢ ܕܒܫܡܝܐ ܢܬܩܕܫ ܫܡܟ.✲ ܬܐܬܐ ܡܠܟܘܬܟ. ܢܗܘܐ
ܨܒܝܢܟ: ܐܝܟܢܐ ܕܒܫܡܝܐ: ܐܦ ܒܐܪܥܐ.✲ ܗܒ ܠܢ ܠܚܡܐ ܕܣܘܢܩܢܢ
ܝܘܡܢܐ.✲ ܘܫܒܘܩ ܠܢ ܚܘܒܝܢ: ܐܝܟܢܐ ܕܐܦ ܚܢܢ ܫܒܩܢ ܠܚܝܒܝܢ.✲ ܘܠܐ
ܬܥܠܢ ܠܢܣܝܘܢܐ: ܐܠܐ ܦܨܢ ܡܢ ܒܝܫܐ. ܡܛܠ ܕܕܝܠܟ ܗܝ ܡܠܟܘܬܐ
ܘܚܝܠܐ ܘܬܫܒܘܚܬܐ ܠܥܠܡ ܥܠܡܝܢ ܐܡܝܢ.

Abwun d'bwashmaya
Nethqadash shmakh
Teytey malkuthakh
Nehwey tzevyanach aykanna d'bwashmaya
aph b'arha.
Hawvlan lachma d'sunqanan yaomana.
Washboqlan khaubayn (wakhtahayn)
aykana daph khnan shbwoqan l'khayyabayn.
Wela tahlan l'nesyuna
Ela patzan min bisha.
Metol dilakhie malkutha wahayla wateshbukhta
l'ahlam almin.

Ameyn.

Pai Nosso
Versão Bíblica

Pai nosso que estais nos céus,
Santificado seja o Vosso Nome.
Venha a nós o Vosso Reino.
Seja feita a Vossa Vontade,
assim na terra como no céu.
O pão nosso de cada dia nos dai hoje.
Perdoai as nossas ofensas, assim como nós
perdoamos aos que nos têm ofendido.
Não nos deixeis cair em tentação,
mas livrai-nos do mal.
Vosso é o reino, o poder e a glória,
agora e para sempre.
Amém.

(Mateus 6:9-13)*.

* *Os textos em português estão de acordo com a Bíblia Sagrada, tradução do Pe. Antonio Pereira de Figueiredo, edição Barsa, 1964.* (NT)

1. Nosso Nascimento na Unidade

Abwun d'bwashmaya ܐܒܘܢ ܕܒܫܡܝܐ

(Mateus: *Pai Nosso que estais nos céus*)

Ó força procreadora! Pai/Mãe do cosmos,
Tu creas tudo o que se move na luz.

Ó Tu! Respiração viva de tudo o que existe,
Creador do som vibrante que nos toca.

Respiração de todos os mundos, ouvimos
o Teu respirar – dentro e fora – em silêncio.

Fonte do som: no troar e no murmúrio,
na brisa e no tornado, ouvimos o Teu Nome.

Radiância Única: Tu resplandeces dentro de nós,
fora de nós – até na escuridão – quando
nos lembramos.

Nome dos nomes, nossa pequena identidade se
desdobra em Ti e Tu a devolves, como lição.

Ação sem palavras, potência silenciosa,
onde ouvidos e olhos despertam, aí o céu advém.

Ó força procreadora! Pai/Mãe do cosmos!

Notas Sobre o Texto

A oração começa com uma expressão da Divina Creação e da bênção do ato de crear, de dar à luz. No Oriente Médio, a antiga raiz *ab* refere-se a qualquer fruto, a toda germinação que procede da fonte da Unidade. Esta raiz chegou a ser usada na palavra aramaica para o pai "personificado" – *abba* – mas ainda ecoa em seu significado original, em sua raiz sem gênero, em seu antigo som/significado. Portanto, se *abwun* é um derivado da palavra que designa o "pai pessoa", sua raiz não especifica nenhum gênero e poderia ser traduzida por "divinos progenitores". Estas raízes revelam ainda muitas camadas de significados. *Bwn* mostra o raio da emanação dessa paternidade/maternidade, procedendo do potencial para o atual, aqui e agora. Em aramaico o símbolo para *b* também pode ser pronunciado *w*, ou incluir vestígios de ambos. O Reverendo Mar Aprem (1981), um erudito em aramaico, observa que a mesma raiz (*ab*) pode figurar para o pai pessoal ou espiritual, dependendo se a ênfase está no *w* (pai pessoal) ou no *b* (pai espiritual). Sem dúvida alguma, as referências de Jesus ecoam em ambos os sentidos, pois o aramaico é muito rico nesse sublime jogo de palavras.

Além disso, de acordo com a ciência mística dos sons e das letras, que é comum tanto para o hebraico como para o aramaico, a palavra *abwun* vai além dos nossos conceitos mutáveis de "masculino" e "feminino", e aponta para o processo cósmico de dar à luz. Neste nível de interpretação, podemos dizer que a palavra *abwun* em som/significado tem quatro partes:

A – O absoluto, o ser único, a Unidade pura e única, fonte de todo o poder e estabilidade (ecoando o antigo som sagrado *AL* e a palavra aramaica para Deus – *Alaha* que significa literalmente Unidade).

bw – Um nascer, uma creação, um fluxo de bênçãos, como sendo do dentro deste Uno para nós.

u – A respiração ou o espírito que carrega este fluxo, ecoando o som do respirar e incluindo todas as forças que agora chamamos magnetismo, vento, eletricidade, e mais. Este som é ligado à frase aramaica *rukha d'qudsha* que, mais tarde, seria traduzida por "Espírito Santo".

n – A vibração da respiração creativa do Uno ao tocar e interpenetrar a forma. Deve haver uma substância que esta força toca, move e muda. Este som ecoa na terra, e o corpo vibra ao entoar lentamente o nome todo: *Ah - bw - u - n*.

O resto da frase completa a moção da divina creação. Em *d'bwashmaya* a raiz central encontra-se no meio – *shm*. Desta raiz é derivada a palavra *shem* que pode significar luz, som, vibração ou palavra. A raiz *shm* indica aquilo que surge e brilha no espaço, a esfera inteira de um ser. Neste sentido, o nosso nome inclui o nosso som, vibração ou atmosfera. Por esta razão, os nomes eram dados e recebidos com muito cuidado. Aqui, o "signo" ou "nome" que torna *Abwun* conhecível é o universo inteiro. O final *aya* mostra que esse brilhar inclui cada centro de atividade, cada lugar que vemos, assim como as habilidades em potencial de todas as coisas. De fato, *shmaya* diz que a vibração ou palavra pela qual se pode reconhecer o Uno – o nome de Deus – é o universo. Este era o conceito de "céu" em aramaico. Esta palavra é central em muitos ensinamentos de Jesus e normalmente mal compreendida. Em grego, e mais tarde em inglês, "céu" tornou-se um conceito metafísico, sem contato com o processo creativo. É muito difícil para uma mente ocidental compreender como uma só palavra pode ter significados aparentemente tão diferentes, embora essa seja justamente a visão do mundo para o místico do Oriente.

Orações Corporais

Na primeira frase da oração de Jesus, lembramos de nossa origem não em pecado ou imperfeição, mas como bênção e unidade, tanto na vibração como na quietude, pois a respiração divina (*rukha*) toca até a ausência daquilo que podemos medir como "luz" ou "som".

1. Entoa o som *Ah - bw - u - n* devagar, encontrando a maneira como ressoa fortemente no teu corpo. Toma o tempo que for necessário para encontrar a "tua nota". Ela é a tua herança de *Abwun*, o som com o qual vibras mais fortemente; é parte do teu "nome" no sentido aramaico do termo. Sente a vibração do som. Examina onde podes senti-la em teu corpo. À medida que o som penetra no silêncio, tu o segues. Começa a sentir todos os movimentos dentro do teu corpo – batimento cardíaco, respiração, peristalse, atividades que acontecem sem a nossa atenção. Sente esses movimentos como orações internas que apontam a dádiva da cocreação com Deus.

2. Quando na natureza, andando ou sentado, inspira sentindo o som *Abwun* dentro de ti, e expira sentindo o som *d'bwashmaya*. Sente como o ar te penetra, assim como o faz com as ervas, as árvores, as rochas e a água. Sente a Fonte Una desta respiração,

e como a respiração volta a toda a creação. Nossa respiração alimenta as plantas e a respiração delas nos alimenta. O intercâmbio nos une a Deus. Toda a creação pronuncia o Nome sagrado.

3. Ao trabalhares, inspira sentindo o som *Ah* e expira o som *bwun*. Procura ao inspirar, sentir o novo, a substância que alimenta e nutre chegar até a área dos pulmões e do coração. E ao expirar, deixa tudo o que é velho, tudo o que quer ser liberado, sair com a exalação. Onde podes sentir, no corpo, a respiração? Quais as partes que não estão atentas e que poderiam ser despertadas? À medida que nos tornamos conscientes do corpo, do escuro, do interior, nos tornamos mais conscientes da alma (*naphsha* em aramaico) e estamos a caminho do reino interior.

2. Abrindo espaço – uma clareira – para que o Nome possa viver

Nethqadash shmakh ܢܬܩܕܫ ܫܡܟ.

(Mateus: *Santificado seja o Vosso Nome*)

Focaliza Tua luz dentro de nós, tornando-a útil:
Assim como a luz de um farol mostra o caminho.

Ajuda-nos a respirar uma respiração sagrada,
sentindo apenas a Ti. Isto crea um santuário
dentro de nós – em inteireza.

Ajuda-nos a liberar, a clarear o espaço interior
tão pleno de esquecimento: assim o Nome
vem à vida.

O Teu nome, o Teu som pode mover-nos,
se afinarmos os nossos corações, como
instrumentos para o Teu som.

Escuta aquele Som que originou todos os outros,
desta maneira o Nome é santificado em silêncio.

Em paz reside o Nome: um "aposento próprio",
sagrado entre os sagrados, aberto,
dando luz para todos.

Nós todos procuramos esta luz noutro lugar – deixamo-nos ir para fora de nós mesmos – mas o Nome está sempre dentro.

Focaliza Tua luz dentro de nós tornando-a útil!

Notas Sobre o Texto

Na segunda sentença da oração, a raiz *shm* – o nome divino, luz, experiência – volta em uma forma mais específica. Na primeira linha, *shem* se encontra espalhado pelo universo, é parte adjacente da Unidade subjacente, onde tudo vive. Aqui afirmamos que o Nome se tornará "sagrado" – *qadash* (de onde vem a palavra hebraica *kasher*, "kosher"). No aramaico tornamos uma coisa sagrada pondo-a de lado, separando-a para um propósito específico. Devido ao fato de que esta construção aramaica ocorre tanto dentro como fora de nós, podemos dizer que, ao separar algo, mantendo-o inviolado, geramos por dentro um espaço sagrado.

As raízes de *nethqadash* também evocam imagens de clarear, varrer, preparar o solo para uma planta importante. Numa das belas imagens apresentadas pelo aramaico, as raízes mostram uma pessoa curvando a cabeça sobre um lugar especial, onde as sementes são plantadas. Indica também a maneira de curvarmo-nos sobre o coração, plantando ao mesmo tempo devoção e perseverança.

O santuário interior, no qual o Nome de Deus é sagrado, só pode ser desenvolvido pelo soltar, deixar ir, quando liberamos a confusão interior que nos mantém demasiadamente ocupados, impossibilitando o silêncio receptivo à "quieta e pequena voz". A oração nos leva também a considerar o nosso "coração que sente", o lugar que os místicos de todas as sendas chamam de templo interior. Jesus recomenda que, ao orar, nos encaminhemos para o "santuário/coração" (um dos significados, na Bíblia, para "...quando orares, entra no teu aposento..." – Mat. 6:6). Em outro contexto, Virginia Woolf denominou esse espaço "um quarto que seja seu". Ao estabelecer esse santuário interior, é possível tornarmo-nos, como nas palavras de Jesus, o "todo-abrangente" (normalmente traduzido por "perfeito"), assim como a nossa Fonte Creadora é toda-abarcante (Mat. 5:48).

Em aramaico, a oração sempre nos guia de uma forma prática. Para tornar a experiência de *Abwun* útil, precisamos gerar um espaço para que esta Unidade possa existir em nosso interior. A luz do *shem* – a clareza ou inteligência que surge a partir da paz verdadeira – torna-se então útil para o dia a dia como a luz de uma lâmpada.

Orações Corporais

Para gerar este espaço sagrado dentro de nós é necessário liberarmos algo. Se um quarto estiver cheio de quinquilharias, não há espaço para um santuário. Se uma flauta está entupida, a música não pode sair. Os sons desta frase indicam uma forma de como começar esta liberação. Eles nos levam a uma sensação da área do coração e dos pulmões. Nesta área, o sangue e o ar colaboram para soltar tudo o que deve ser expelido em cada expiração, e trazer para dentro, em cada inspiração, o que é necessário. Na nossa rotina diária, podemos reservar tempo para o silêncio, a meditação, a oração. Mesmo ao trabalhar, podemos fazer uma inspiração consciente, soltando-nos dentro da luz creativa de Deus e do Seu Nome.

1. Escolhe um espaço à parte em tua casa, no teu quarto, na tua vida, onde possas deixar ir, sentindo que ao respirar, Deus o faz também. Deita-te numa posição relaxada e presta atenção ao ir e vir da respiração. Inspira sentindo o som *nethqadash* (nith-qah-dash) e expira sentindo o som *shmakh* (shm-ahkh). Simplesmente relaxa e respira, sentindo mais e mais o soltar interior, gerando espaço para a respiração divina. Sente a batida do coração e o ritmo da respiração entrando e saindo lentamente. Podem

eles crear juntos uma música, um modelo, um padrão? Deixa que este sentimento de respiração e batimento cardíaco, trabalhando juntos, comece a instaurar um espaço de silêncio por dentro. Na base desta paz há uma plenitude energizada – qualquer ação é possível. O silêncio é o santuário, o aposento. A plenitude é o Nome, a luz de Deus.

2. Sempre que estiveres envolvido com um trabalho ou alguma ação, toma uma respiração longa e profunda, lembrando o sagrado entre os sagrados dentro de ti. O Nome pode tornar-se abençoado de novo, em um instante. Ou então, sente o som *nethqadash shmakh* dentro de ti. Permite que qualquer movimento, por mínimo que seja, gerado por este som, abra um espaço e te traga de volta à paz.

3. Em outro momento, relaxa e sente como o santuário é formado pela batida cardíaca e respiração. Observa que partes do corpo são ativadas pela meditação, e também as partes que parecem separadas ou ausentes. Não julgues nenhuma delas como boa ou má. Apenas toma conhecimento e aceita todas com um amor incondicional.

3. O Fogo Creativo

Teytey malkuthakh ܬܐܬܐ ܡܠܟܘܬܟ.

(Mateus: *Venha a nós o Vosso Reino*)

Crea Teu reino de unidade, agora,
através dos nossos corações fervorosos
e mãos benevolentes.

Deixa a Tua orientação conduzir nossas vidas
clareando nosso intento
para a cocreação.

Une o nosso "eu posso" ao Teu, de maneira
que possamos andar como reis e rainhas
com toda creatura.

Deseja conosco e através de nós
o preceito do frutificar universal
na terra.

A Tua lei passa a existir
na medida em que nossos braços se estendem
para abraçar toda a creação.

Vem ao aposento íntimo de nossos corações,
preparar-nos para as núpcias
do poder com a beleza.

Que possamos, a partir desta união divina,
gerar novas imagens para
um novo mundo de paz.

Crea Teu reino de unidade, agora!

Notas Sobre o Texto

Na terceira frase da oração, o lugar sagrado interior é usado como oficina para preparar a nova creação. *Teytey* significa "vem", mas inclui a imagem do desejo mútuo, a definição de uma meta e, no velho sentido, um "quarto nupcial" – um lugar onde o desejo mútuo é saciado e começa o nascimento.

Malkuthakh refere-se a uma qualidade de reinado e princípios de como reinar, que guiam as nossas vidas em direção à Unidade. Poderia bem ser traduzido por "reino do rei" ou "reino da rainha". A partir da raiz antiga, a palavra carrega a imagem de um "braço frutífero" numa pose de crear, ou de uma mola em espiral, prestes a desenrolar-se com todo o potencial do frescor da terra. É aquilo que dentro de nós diz "eu posso", o que nos faz disponíveis, apesar de todos os contratempos, para seguir em uma nova direção.

A palavra *Malkatuh*, baseada na mesma raiz, era um dos nomes da Grande Mãe, no Oriente Médio, milhares de anos antes de Jesus. Os antigos viram na terra e em tudo à sua volta, uma qualidade divina que em toda parte assume responsabilidade e diz "eu posso". Mais tarde, aqueles que expressaram claramente esta qualidade foram reconhecidos como líderes naturais – o que chamamos de rei ou rainha.

Em um sentido coletivo, *Malkuthakh* também pode referir-se ao Conselho pelo qual tudo é regido – os ideais coletivos de uma nação, ou de um planeta. Neste sentido, pedimos que o reino do rei e da rainha, venha clarear nossas ideias pessoais e coletivas, em alinhamento com aquelas do Creador – em direção à unidade e à creatividade inerentes à natureza.

Orações Corporais

Uma vez que instauramos um templo interior de devoção e paz, este lugar/coração pode ser usado para clarear nossas metas e para alcançar e conquistar um novo sentido de creatividade em nossas vidas. Com a ajuda do Uno, descobrimos um novo sentido do "eu posso". O nascimento deste poder creativo acontece na infância, quando se começa a sentir (e dizer) "eu posso fazer *sozinho*". Ao meditar sobre esta parte da oração, descobrimos que o pequeno eu pode unir-se ao grande e único *Eu*, que Jesus chamou de *Alaha*, o Uno, ou Deus.

1. Sentado ou deitado, volta-te para dentro, para o lugar pleno de paz, estabelecido ao sentires o batimento cardíaco e a respiração. Como disse Hildegard de Bingen, mística da Idade Média, tudo pode ser sentido como uma "pluma na respiração de Deus". Escuta uma música inspiradora e observa seus efeitos sobre o santuário interior. Estão surgindo imagens? Em outro momento, talvez te venha alguma inspiração artística, uma solução creativa para um problema que estás enfrentando, ou a orientação clara para o próximo passo. Ou poderás respirar ritmadamente uma prece curta, ou alguma expressão do Pai Nosso (por exemplo, inspirando *teytey* e expirando *malkuthakh*).

Que a meditação no coração e sobre ele te mantenha unido ao pulsar do coração de Deus.

2. Ao caminhar, respira e move-te ritmadamente. Sente como se tivesses sido levado do coração para a meta, ou para a pessoa amada. Tenta realmente mover-te a *partir do coração* e observa o efeito. Primeiro, certifica-te de que tens suficiente espaço, para que não haja interrupções. Com alguma prática esta oração corporal pode também ser usada "na multidão" para ajudar a fortificar o sentimento e a focalizar de novo nossa intenção.

3. Ao precisares de cura ou descanso, ou quando estiveres em tumulto emocional, volta-te para o santuário do coração e, ao aflorar qualquer sentimento, deixa que seja abraçado e reconhecido pela respiração de Deus dentro de tua respiração. Gradualmente permite que a respiração torne-se mais ritmada. Inspira a partir da Fonte Una que cura e expira para aquela parte que, em ti, está necessitada, ou em conflito.

4. O Céu vem à Terra: Compaixão Universal

Nehwey tzevyanach aykanna d'bwashmaya aph b'arha

ܢܗܘܐ ܨܒܝܢܟ: ܐܝܟܢܐ ܕܒܫܡܝܐ: ܐܦ ܒܐܪܥܐ.

(Mateus: *Seja feita a vossa vontade, assim na terra como no céu*)

O Teu desejo Uno atue então com o nosso,
assim como em toda a luz
e em todas as formas.

Que todas as vontades se movam juntas
em Teus vórtices, como o turbilhão de estrelas
e planetas, através do firmamento.

Ajuda-nos a amar além dos nossos ideais
e faz brotar em nós atos de compaixão
para todas as creaturas.

Ao encontrarmos Teu amor em nosso amor,
que o céu e a natureza
formem uma nova creação.

Une o nosso tumulto interior
em uma visão de apaixonado propósito:
a luz fecundando a forma.

Crea em nós uma cooperação
divina – de muitos eus, uma voz,
uma ação.

Que o ardoroso desejo do Teu coração
una céu e terra,
através da nossa harmonia.

O Teu desejo Uno atue então com o nosso,
assim como em toda luz
e em todas as formas.

Notas Sobre o Texto

Nesta quarta frase da oração que é a mais central, o céu encontra a terra em um ato de compaixão. Relembramos nossa fonte em *Abwun* – origem, fonte de qualquer ato que dá à luz, que engendra vida. Liberamos coisas, deixamos ir, e clareamos um espaço sagrado dentro de nós, para que esta realização tenha vida. A partir deste novo começo, purificamos nossas metas, reconhecemos o poder da nossa cocreação e vislumbramos os nossos próximos passos. Agora estamos prontos para agir. Em um certo sentido, Jesus apresentou uma oração da qual toda a creação participa em todos os momentos. Em outro sentido, Ele apresentou um método muito prático, com o qual se pode abordar qualquer empreendimento, ou renovar o propósito da própria vida.

Tzevyanach pode ser traduzido por "vontade", mas não se trata do que normalmente consideramos como força de vontade (tentar arduamente), ou vontade irrestrita, incontida. Em aramaico, a palavra tem o significado de "desejo", isto é, a cooperação harmoniosa de um movimento que inclui disciplina natural. Esta espécie de "desejo do coração" significa que nossa meta ou propósito move-se para além do estágio mental ou ideal. Torna-se parte do nosso ser, a tal ponto, que não é mais necessário pensar no assunto. Todo o ser se move, com certeza, em direção à meta. As raízes antigas da palavra evocam imagens de um vórtice de harmonia e geração, de hostes de estrelas movendo-se através dos céus.

Aykanna ("assim como") traz o sentido de um desejo determinado em direção a consistência e estabilidade. Oramos para que o desejo do coração de Deus seja feito consistentemente através de nossas vidas, para que o desejo de Deus exista na forma, do mesmo modo como ele já existe no som e na luz (imagem ou visão).

Arha significa "terra" que, de fato, pode ser a fonte original desta palavra. O som/significado evoca o suspiro da espécie humana ao sentir o suporte da terra sob os pés e relembra o modo de tratá-la, como a um ser vivo e não como um objeto a ser explorado. Por esta razão, as raízes hebraicas trazem em seu bojo o significado de toda a natureza, de todas as aglutinações naturais de massa e forma produzidas pela força universal *AR* – poder com movimento. Desta raiz obtemos também a nossa palavra ardor.

Orações Corporais

Nesta altura, a oração nos exorta a continuar para além de preparar-nos para a creação, além de nossas ideias e imaginação creativa, para assumir responsabilidade pelas nossas ações e a maneira como elas afetam tudo o que nos rodeia. Esta responsabilidade elimina a creatividade que não leva em consideração a comunidade e o bem da terra, pois, ao agir, assumimos as consequências. Podemos alcançar a meta desejada, ou podemos "falhar". Todavia, a oração nos aponta um universo onde cada inverno é seguido pela primavera, e onde Deus atua dentro e com o ciclo da creação. Ao focalizar nossa ação – começando com a lembrança de *Abwun* – teremos feito a nossa parte. Podemos então plantar e deixar os frutos para o Creador.

1. Ao te encontrares preso numa resposta habitual – relacionamentos, trabalho, ou qualquer outra situação vivencial – que não favoreça o teu propósito, usa a oração corporal do santuário interior para clarear o espaço e encontrar uma nova resposta. Às vezes a ação vislumbrada em estado de oração não faz sentido. Respira *Abwun* e pede a confirmação de Deus. A ação nunca irá contra a tua consciência. É possível que vejas

o resultado tão claramente que possas senti-lo em teu próprio corpo. Portanto, ao surgir a situação, atua a partir do coração, antes que a mente possa levar-te de volta às respostas costumeiras.

2. Faz uma lista de tudo o que parece estar faltando em tua vida, tanto pessoal como globalmente. Em seguida, faz uma outra lista de coisas que te inspiram e novamente inclui as qualidades e forças, tanto pessoais, como aquelas das quais sentes falta à tua volta. Compara o sentimento que tens ao fazer cada lista e mantém os dois sentimentos juntos no coração. Comparando-os, vê a relação entre o que está faltando e o que está completo, concluído, em tua vida (como também na vida do planeta). Quais as áreas mais importantes para mudanças? Ainda com as listas em mãos, compara estas áreas com a maneira como passas a maior parte do teu tempo. Faz uma respiração de paz, de oração e não te deixes levar nem por sentimento de culpa, nem autossatisfação. Usa este processo como roteiro para as tuas metas práticas, tanto a curto como a longo prazo. Encontra uma ação imediata que fará uma diferença, não importa quão diminuta ela possa ser.

3. Deita-te por alguns minutos em ambiente confortável e volta ao santuário interior no coração.

Medita no sentimento dos teus ossos sendo apoiados pela terra. Sente o apoio, em virtude do teu próprio peso, nem mais, nem menos. Visualiza e sente a medula óssea, a tua parte mais profunda, onde se encontra uma parte vital do sistema imunológico. As células da medula são responsáveis pela creação de anticorpos que se fundem com qualquer substância que penetre no corpo e seja considerada "estranha". Outras células imunológicas do timo, perto do coração, também penetram e permeiam todo o corpo, comunicando o que é necessário a cada momento. Visualiza a densidade dos ossos, a expansividade do coração, e sente a capacidade natural que o corpo tem para transformar o que *não é parte de ti*, para fazer o elemento estranho – o "inimigo" – emergir e tornar-se parte do todo, da unidade. Durante alguns minutos, une às profundas pulsações do corpo, uma oração pela unidade no mundo.

Considera a prevalência das doenças do sistema imunológico em nossa sociedade. Reflete sobre o que precisamos aprender a respeito de "diferenças" e "inimigos".

5. As Bênçãos da Terra: O Próximo Passo

Hawvlan lachma d'sunqanan yaomana

ܗܒ ܠܢ ܠܚܡܐ ܕܣܘܢܩܢܢ ܝܘܡܢܐ.

(Mateus: *O pão nosso de cada dia nos dai hoje*)

Assegura-nos, cada dia, o que necessitamos
em pão e discernimento:
para suprir o crescimento da vida.

Dá-nos o alimento que precisamos para crescer
a cada novo dia, e através de cada ato
que ilumina as necessidades da vida.

Deixa que o telúrico seja a medida de nossas
necessidades: dá-nos todas as coisas verdejantes,
simples, cheias de paixão.

Realiza em nós, para nós, o possível:
sejam iluminados os nossos humanos passos
em direção à Casa.

Ajuda-nos a preencher o que está dentro do círculo de nossas vidas:
A cada dia pedimos nem mais nem menos.

Anima a terra dentro de nós:
para que possamos sentir a Sabedoria
que a tudo permeia e sustenta.

Gera através de nós o pão da vida:
que tenhamos apenas o que se fizer necessário
para alimentar a próxima boca.

Dá-nos todos os dias o que necessitamos
em pão e entendimento.

Notas sobre o Texto

Uma palavra muito rica, *lachma*, significa tanto o "pão" como "compreensão" – alimento para todas as formas de crescimento e para a vida elementar em geral. Derivou-se da raiz mais básica ligada à divindade feminina – *HMA* – que representa vigor crescente, verdor, paixão, calor, possibilidade, e todos os veículos desse poder gerador. Dessa raiz formou-se a palavra *hochma*, traduzida nos Provérbios como "Sabedoria Sagrada". Como vimos anteriormente os sons do *h* e *u* indicam a respiração. Desta vez, a respiração emana da terra e para ela retorna, com o eterno grito da mãe – *ma*. Mais tarde essa raiz seria representada pela palavra grega que incorporava toda a sabedoria feminina – *Sophia*.

Sunqanan refere-se a necessidades, mas também pode significar "uma medida iluminada", "um círculo de possessão" ou "um ninho". *Hawvlan* pode significar "dar", "geração humana", "produzir com vida e alma" ou "animado com frutos". De várias maneiras, esta parte da oração nos lembra que o que precisamos muitas vezes não é tão somente evocar a grande Unidade e creação divina, mas também contemplar a necessidade imediata – o alimento ou compreensão para aquele momento.

Na primeira metade da oração, lembramos o Uno e sentimos a bênção do cosmos. Na segunda metade começamos um novo ciclo de bênçãos de uma forma ainda mais prática e incorporada. Nós olhamos uns para os outros e lembramo-nos da pluralidade divina. Esse ciclo tem início a partir da terra. A oração nos leva além de uma espiritualidade introvertida, a considerar tudo nas nossas relações com os outros. Ao nos lembrar a "compreensão", a oração indica o que sempre está por baixo de nós nos apoiando – a Mãe Terra. Podemos tornar este apoio mais real alimentando-nos uns aos outros. Podemos também valorizar a fonte do pão, não estocando ou exigindo da terra mais do que precisamos, respeitando a fonte do nosso básico sustento.

Orações Corporais

Como seres humanos, uma das coisas mais preciosas que podemos nos dar uns aos outros, a cada dia e a cada momento, é a nossa total compreensão e apoio, na medida que formos capazes, incluindo todas as limitações das quais temos consciência. Ao fazer esse simples contato, aqui e agora, com os nossos irmãos, participamos da verdadeira união. Talvez isso seja parte do que Jesus quis dizer quando, partindo o pão, na noite anterior à sua morte, Ele anunciou: "Este é o meu corpo". Ele podia também estar orientando os seus discípulos a voltarem-se para assuntos humanos e simples: à necessidade de alimentar alguém que está faminto, visitar alguém que está doente, ou na prisão.

1. Deitado, procura sentir-te apoiado sobre todos os ossos. Deixa tua atenção vagar naturalmente de ponto a ponto onde percebes a terra apoiando-te por baixo. Estará um ombro mais em contato do que o outro? Ou um lado do quadril mais do que o outro? Fazendo essas pequenas comparações, começa a sentir como te relacionas com a terra no nível corporal. Depois, levanta-te lentamente e caminha passo a passo, de forma meditativa, sentindo o apoio da terra através de todos os ossos. Pesquisadores corporais verificaram

que nenhuma ou quase nenhuma ação muscular é necessária na caminhada. Podes simplesmente deixar que a gravidade e o apoio dos ligamentos e ossos façam o trabalho, inclinando-te levemente para a frente e "deixando-te caminhar".

Enquanto caminhas, sente o quanto te afastas da terra ou o quanto fazes pressão sobre ela. Sente o seu apoio pelo que lhe ofereces naturalmente, por seres quem és, pelo teu direito de estar ali, sem a constante necessidade de estares ocupado. Esta é uma excelente meditação para trabalhar com uma sensação corporal de bênção e autoestima. Também podes ampliar tua meditação considerando como caminhamos sobre a terra como espécie: a terra possui uma memória de como a tratamos. Quando não a oprimimos ou pedimos que carregue mais do que o nosso próprio peso, nem nos afastamos num pietismo introvertido, estamos começando a consertar o equilíbrio do planeta. Como Jesus disse: "Apascenta os meus cordeiros... Apascenta as minhas ovelhas". (João 21:15-16)

2. É melhor fazer esta oração corporal com um parceiro. Deixa uma pessoa deitar-se e experimentar a sua própria sensação de apoio através da Mãe Terra. Sentando-te aos pés dessa pessoa, deixa-a sentir também o apoio através dos ossos e depois partilha esse

sentimento de apoio, levantando gradual e suavemente uma de suas pernas. Deixa o contato ser simples, sem expectativas ou exigências – simplesmente partilhando durante um ou dois minutos o apoio sentido através da terra. O parceiro deitado poderá perceber sensações ou sentimentos à medida que se solta mais.

Depois que terminar o toque do parceiro, o que está deitado poderá sentir quaisquer diferenças de sensação entre os dois lados do corpo. Continua a meditação contactando também o outro lado do corpo. Em seguida, deixa que o parceiro que estava deitado levante-se vagarosamente, no seu próprio ritmo, como se estivesse levantando-se pela primeira vez, e sinta alguma mudança no apoio. Os parceiros podem então trocar de lugar e depois partilhar o que experimentaram através desta meditação mútua em *lachma*, o pão de compreensão e vida.

3. Entoa o som *lachma* (lah-ch-mah) vagarosamente, sentindo a frase tornar-se mais densa internamente. Há mais a ser trabalhado e somos lembrados a fazer as coisas "passo a passo", não forçando nada além das necessidades do momento. "O que precisamos *neste momento* de nossas vidas?"

6. Liberação: Batimento Cardíaco por Batimento Cardíaco

Washboqlan khaubayn (wakhtahayn) aykanna daph khnan shbwoqan l'khayyabayn

ܘܫܒܘܩ ܠܢ ܚܘܒܝܢ܆ ܐܝܟܢܐ ܕܐܦ ܚܢܢ ܫܒܩܢ ܠܚܝܒܝܢ.
ܘܫܒܘܩ ܠܢ ܚܛܗܝܢ܆

(Mateus: *Perdoai as nossas ofensas assim como nós perdoamos aos que nos têm ofendido*)

Desfaz os laços dos erros que nos prendem,
assim como nós liberamos as amarras
com que aprisionamos
a culpa dos nossos irmãos.

Perdoa o nosso passado oculto,
as vergonhas secretas,
enquanto com firmeza perdoamos
o que os outros ocultam.

Alivia a nossa carga de dívidas secretas,
assim como liberamos os outros
da necessidade de retribuição.

Apaga as marcas internas deixadas por
nossas faltas,
assim como nós lavamos os nossos corações
das faltas cometidas pelos outros.

Absorve nossas esperanças e sonhos frustrados,
assim como envolvemos com o vazio
os dissabores dos nossos irmãos.

Desembaraça-nos dos nós internos,
para que possamos restaurar em nossos corações
os laços simples que nos unem aos outros seres.

Transforma em composto
os nossos frutos internos roubados
assim como nós perdoamos aos nossos irmãos
os danos de suas transgressões.

Desfaz os laços dos erros que nos prendem,
assim como nós soltamos as amarras com que
aprisionamos a culpa dos nossos irmãos.

Notas Sobre o Texto

Vimos que na frase anterior a bênção que se invoca é mais corporal, terrena. Nesta que se segue, o pedido é por um soltar mais profundo – o perdão. Esta é outra dádiva que podemos oferecer uns aos outros, a oportunidade de soltar os laços com que prendemos as nossas próprias culpas, bem como as amarras com que prendemos os enganos dos outros seres. A "transgressão" que liberamos não é somente em relação a nós e aos outros, mas também em relação à terra e todas as suas creaturas.

Além disso, a raiz da primeira palavra (wa) *shboqlan* – "perdoa" – pode também ser traduzida como "voltar ao seu estado original", "absorver reciprocamente", "restabelecer os tênues laços com", e "envolver com o vazio". A oração reafirma que o nosso estado original é claro e sem vicissitudes. Os nossos tênues laços com a creação se baseiam na liberação mútua, com cada inspiração que fazemos.

Na versão da oração em Mateus, a palavra *khaubayn* foi traduzida do grego como "dívidas" ou "ofensas". Seus significados alternativos são "passado oculto", "dívida secreta", "propriedade oculta, roubada" e qualquer "fruto interno" que afete negativamente a inteligência e a alma. Na versão da oração em Lucas, a palavra *khtahayn* é usada e geralmente traduzida por "pecados". No aramaico, pode também significar "insucessos", "erros", "ofensas acidentais", "esperanças frustradas" ou "fios emaranhados" no sentido de algo que tem necessidade de restauração ou conserto. Escolhi incluir as duas palavras nestas versões, porque elas são muito semelhantes no som. É tão provável que Jesus tenha usado ambos os termos, como apenas um. A palavra *aykanna* ("assim como") novamente nos lembra, tal como na quarta frase da oração, que a liberação precisa ser realizada regularmente e de forma consistente, para que os nossos relacionamentos "cheios de nós" possam tornar-se inteiros e estáveis.

Os sons desta sexta parte da oração nos levam novamente ao sentimento do coração e do sangue – lavando, fluindo, pedindo que soltemos qualquer coisa não desejada, da mesma forma que o nosso sangue leva as impurezas de todas as partes do corpo para os pulmões, a fim de serem liberadas em cada respiração.

1. Deita-te confortavelmente e sente o batimento cardíaco e o pulsar do teu sangue, focalizando dessa vez o seu poder liberador. Se tiveres dificuldade para sentir o pulsar do sangue, tenta colocar uma das mãos, ligeiramente abaulada, perto do coração. Em vez de *procurar* o pulso imagina tua mão *ouvindo* receptivamente. Sente e visualiza o sangue trazendo para os pulmões tudo o que desejas que seja liberado nesse momento, enquanto completas a exalação. A cada respiração, vida nova é trazida e enviada a cada célula do corpo. Sente essa qualidade pulsátil de "perdão corporal", enquanto os músculos também relaxam, a fim de permitir que as veias, artérias e capilares disponham de mais espaço, para um fluxo mais fácil. Tensões antigas retidas nos músculos podem começar a se soltar, velhos hábitos e "armaduras"(couraças), que às vezes confundimos com o nosso eu natural

começam a ceder. Talvez isso seja parte do que Jesus quis dizer quando, ao oferecer a taça de vinho na noite anterior à crucificação, falou: "Este é o meu sangue, doado para desamarrar erros e fracassos".

2. O exercício acima pode também ser feito aos pares, com uma pessoa deitada e a outra segurando-lhe os pés (como na oração corporal da frase anterior). Nesse caso, a intenção é que ambos estejam liberando para o cosmos e que a pessoa sentada ajude o parceiro a ter mais consciência do seu batimento cardíaco. Ambos conectam sua própria consciência corporal no nível do batimento cardíaco e do sangue. A pessoa deitada está receptiva e permite que a sua pulsação seja sustentada pela pessoa que está sentada. Em grupo, a mesma coisa pode ser feita. Todos de mãos dadas, em pé ou sentados, em círculo, meditando em união com o pulso grupal. Ao contactar as nossas camadas mais profundas, os ritmos mais lentos da consciência, encontramos uma fonte de meditação corporal. O perdão está aí, agora, não em algum lugar do lado de fora.

3. Tenta entoar as palavras desta parte da oração: Paciência é necessária.* Os múltiplos sons de *kh* nos

* *(Wa-shbōq-láhn khow-bā́yn wa-kh-táh-hāyn eye-káhna daph kh-nan sh-bṓ-qan l'kh-éye-ya-bayn.)*

trazem de volta para lugares do corpo onde há coisas para liberar. Os próprios sons parecem dizer que precisamos reconhecer e admitir as nossas amarras, inclusive as ofensas contra nós mesmos, antes que possam ser liberadas. (Existem quatro níveis de *h* em aramaico – suave, médio, duro e muito duro. Cada nível, sob a ótica mística, indica a força vital primeva se manifestando mais e mais. O som do *h* usado nas palavras acima são do segundo nível – a vida mal dirigida não se endureceu totalmente; ainda há uma chance de renovação.)

7. Recordação: O Nascimento de uma Nova Creação e Liberdade

Wela tahlan l'nesyuna
Ela patzan min bisha

ܘܠܐ ܬܥܠܢ ܠܢܣܝܘܢܐ܃
ܐܠܐ ܦܨܢ ܡܢ ܒܝܫܐ.

(Mateus: *Não nos deixeis cair em tentação, mas livrai--nos do mal*)

Não permitas que as coisas superficiais
nos iludam,
mas liberta-nos de tudo o que nos detém
(ante nosso verdadeiro propósito).

Não nos deixes penetrar o esquecimento,
na tentação das falsas aparências.

(Alerta-nos para a fraude da vacilação interna,
como uma bandeira tremulando ao vento.)

Mas quebra o jugo da imaturidade,
a estagnação interna que impede bons frutos.

(Liberta-nos dos males da injustiça,
dos frutos verdes ou apodrecidos.)

Liberta-nos para, alegremente, seguirmos Teu
caminho, sem enganos internos ou externos.

Guarda-nos do acúmulo de falsas riquezas
e da vergonha interior de não prestarmos a ajuda
necessária na hora certa.

Não permitas que as coisas superficiais
  nos iludam,
mas liberta-nos de tudo o que nos detém.

Notas Sobre o Texto

Estas são provavelmente as frases menos compreendidas da oração e, por causa da tradução grega, as mais mal traduzidas. Na versão aramaica, ninguém de fora nos tenta, muito menos Deus. *Wela tahlan* poderia ser traduzido por "não nos deixes entrar", "não nos deixes ser seduzidos pela aparência de", ou "não nos deixes acumular o que é falso ou ilusório". *Nesyuna* poderia ser traduzido por "tentação", no sentido aramaico de algo que leva à vacilação interna ou agitação, afastando-nos da finalidade de nossas vidas. As velhas raízes trazem à tona a imagem de uma bandeira tremulando ao vento – indo para lá e para cá como uma mente que se tornou incerta, pela sedução do materialismo (incluindo materialismo espiritual). É a imagem do esquecimento: um perder-se nas aparências, uma impossibilidade de olhar para o mais profundo, quando a situação assim o exige.

Após nos envolvermos com o trabalho da justiça (pão) e compaixão (perdão) nas frases anteriores, nós mais uma vez nos deparamos com as nossas limitações, assim como toda a dor e sofrimento que causamos a nós mesmos e ao resto da creação. A oração nos lembra nessa hora para não nos esquecermos das nossas origens na creação e na respiração divina, e não nos deixarmos consumir pelas coisas que precisam ser realizadas. Esta frase se junta à próxima para nos impulsionar a uma nova abertura para a alegria.

Ela patzan min bisha foi traduzido por "mas livrai-nos do mal". Bisha significa "mal" ou "erro" no sentido hebraico e aramaico de "imaturo" e "ação inapropriada". As raízes apontam na direção de um sentido daquilo que nos atrasa ou distrai no avanço, assim como também da vergonha interna por não produzirmos bons frutos: a ação certa no momento certo. *Patzan* também poderia ser traduzido como "liberar o apego", "dar liberdade de", ou "quebrar o lacre que nos prende a".

Esta frase termina a declaração da anterior: não permitas que sejamos iludidos pelas coisas superficiais da vida, mas também não deixes que nos tornemos tão introvertidos e absortos em nós mesmos que não possamos agir com humana simplicidade no *momento certo*. A oração nos lembra que às vezes nossos ideais, incluindo os de santidade, paz e unidade, nos levam para o futuro ou passado, e tornam difícil a nossa permanência no presente, aqui, onde a ajuda é necessária agora.

Os sons dessas duas últimas frases permitem que nossa respiração se torne mais refinada após a densidade das anteriores, relativas ao perdão. A oração não diz que nunca haverá esquecimento (tentação), ou imaturidade (mal). Não nega a limitação, nem os atos imaturos contra a humanidade e a natureza, os quais temos a responsabilidade de corrigir, mas nos lembra de aceitá-los à luz da imagem divina total. Podemos liberar todos os nossos conceitos limitantes, incluindo os relativos à oração sobre a qual estamos meditando. Podemos liberar nossos conceitos, tanto de união quanto de separação. No final estas também são apenas portas, dedos que apontam para uma Realidade inexprimível e misteriosa.

1. Encontra um lugar onde possas caminhar livremente na natureza ou em casa em um círculo. Enquanto caminhas, torna-te mais consciente dos teus próprios passos. Caminha simplesmente estando presente. Quando encontrares em ti alguma parte que resiste, aceita também essa parte, estando presente com ela. Continua a incluir e abraçar quaisquer pensamentos ou sentimentos que aflorarem. Que te sintas pleno e completamente aceito na presença de Deus, enquanto caminhas.

2. Os budistas apresentam a tradição do Buda Maitreya, o *bodhisattva* ou mensageiro que concordou em renunciar à salvação e iluminação pessoal até que todos os outros a tenham alcançado. Algo parecido com a imagem do Buda Maitreya está presente nessas duas sentenças da oração. Aquela nossa parte que se sente como se fosse a última a acordar para a presença do divino, também tem uma finalidade no universo de Deus. Esquecimento e imaturidade podem ser as chaves para a nossa própria perfeição e nos agrupar como planeta ao constatarmos como a vida pode ser frágil. Uma meditação andante da tradição budista nos pede que caminhemos lentamente como se estivéssemos pisando sobre as cabeças de todos os seres – não com receio ou nos mantendo afastados da terra, mas com compaixão e coração aberto.

8. Uma Celebração da Renovação Cósmica

Metol dilakhie malkutha wahayla wateshbukhta l'ahlam almin. Ameyn.

ܡܛܠ ܕܕܝܠܟ ܗܝ ܡܠܟܘܬܐ ܘܚܝܠܐ ܘܬܫܒܘܚܬܐ ܠܥܠܡ ܥܠܡܝܢ ܐܡܝܢ.

(Mateus: *Vosso é o reino, o poder e a glória, agora e para sempre. Amém.*)

De Ti nasce toda a vontade reinante, o poder
e a força viva da ação, a canção que se renova
de idade em idade e a tudo embeleza.

A Ti pertence toda função fértil:
ideais, energia, gloriosa harmonia,
durante todos os ciclos cósmicos.

De Ti, o reino da Mãe e do Pai
– princípios governantes –
o "Eu posso" do cosmos...

De Ti, a força vital,
gerando e sustentando toda vida
e toda virtude...

De Ti, o admirável fogo
– a glória do nascimento –
devolvendo ao cosmos, a luz e o som...

A partir de cada reunião universal
– de creaturas, nações, planetas, tempo e espaço –
até a próxima, sempre e sempre.

Verdadeiramente – poder a esta declaração –
Que possa ser o solo do qual cresçam
todas as minhas ações:
seladas em confiança e fé.

Amém

Notas Sobre o Texto

Os estudiosos não concordam que esta conclusão tenha originalmente feito parte da oração de Jesus. Muito da discussão gira em torno da idade e autoridade atribuída à versão Peshitta aramaica de Mateus (ver a introdução). A versão de Mateus contém a expressão, mas a de Lucas não. O autor tende a aceitar um enfoque de conciliação, o de Joachim Jeremias (1964), que afirma que se esta conclusão não ocorreu, uma muito semelhante teria sido usada, de acordo com o fechamento das outras orações judaicas. Além disso, em aramaico este fechamento é um sumário perfeito dos principais temas da oração, e recapitula o caminho espiralado que ela apresenta.

No final, retornamos à visão creativa de Deus, o poder de chegar a essas visões e a beleza que a elas adiciona graça e sentido artístico. As velhas raízes do *dilakhie* representam mais do que a simples ideia de possessão ("pois Teu é o reino..."), mostram uma outra visão de plantio: um campo fértil e abundante, que seja suficiente para tudo produzir. *Malkutha* reprisa o tema do Eu posso cósmico, a realeza que permeia o universo. *Hayla* refere-se à força vital ou energia que produz e sustenta. Neste sentido não é "poder sobre", mas poder em uníssono com toda a creação natural. *Teshbukhta* pode ser traduzido como "glória", mas evoca mais exatamente a imagem de uma "canção", uma harmonia gloriosa devolvendo luz e som divinos para a matéria em equilíbrio. As raízes da palavra também apresentam uma imagem de um "fogo gerador que leva ao espanto".

L'ahlam almin, uma expressão idiomática do aramaico, significando "de idade a idade"; "para todo o sempre" é uma expressão demasiadamente abstrata. As raízes aramaicas literalmente significam "de encontro em encontro". A visão do antigo Oriente Médio representava o cosmos como um todo – força, realidade física, planetas, natureza, seres humanos – lentamente reunindo-se em um ponto central, e depois, lentamente dispersando-se novamente. Este ciclo de reunião define o sentido antigo de tempo ou "épocas". Esta perspectiva está em paralelo com certas descobertas da "nova fisica" e provê um antídoto para o nosso sentido moderno de "tempo fora dos eixos".

A palavra *ameyn* selava acordos no Oriente Médio. Era o juramento solene (e provavelmente melhor do que os nossos contratos escritos). Por trás desta palavra que poderia também ser traduzida por "em verdade", estava o sentido de "dar poder a", fosse qual fosse a forma ou palavra que a precedesse. Continuou a ter este sentido na tradução da música "gospel" (música dos evangelhos). De suas raízes mais antigas, *ameyn* apresenta a imagem do solo do qual surgirá um determinado crescimento futuro. Pode-se achar a sua origem na antiga palavra sagrada egípcia *Ament*, que apontava para o misterioso solo do ser, ou submundo, contendo os segredos da vida, morte e renasci-mento. O som da palavra como é entoada, lembra o toque do sino no final da meditação zen. De certa forma, nesse momento, todas as partes do ser voltam a se reunir instantaneamente. A cura – ou o tornar-se inteiro – é sempre no aqui e agora.

Orações Corporais

1. Com inspiração e expiração suaves, procura sentir dentro de ti as várias etapas do caminho que a oração apresentou. Sem focalizar os seus conceitos, abraça quaisquer sentimentos, emoções ou sensações corporais que a oração tenha evocado e reune-os no templo interno do teu coração. Alguns desses sentimentos podem ser agradáveis, outros desagradáveis. Junta-os todos, sentindo-os como inteiros e completos no universo de Deus, enquanto se dispersam novamente para a sua fonte.

2. Fecha os olhos e ouve internamente o som da palavra *ameyn*. Sente o solo da terra germinando o solo do teu ser, enquanto todo o teu ser se junta e se movimenta, com a vida, para a frente. Inspira sentindo *ameyn* e expira sentindo *ameyn*, considerando o próximo passo – para esse dia, ou para a tua vida. Diz *ameyn* e abre os olhos.

Pai Nosso
A Oração do Senhor
(Uma Possível Nova Tradução do Aramaico)

Ó Força Procreadora! Pai/Mãe dos Cosmos,

Focaliza Tua Luz dentro de nós,
tornando-A útil.

Crea Teu reino de Unidade, agora –

O Teu desejo Uno atue então com o nosso,
assim como em toda luz
e em todas as formas.

Dá-nos todos os dias o que necessitamos
em pão e entendimento.

Desfaz os laços dos erros que nos prendem,
assim como nós soltamos as amarras
com que aprisionamos
a culpa dos nossos irmãos.

Não permitas que as coisas superficiais nos iludam

Mas liberta-nos de tudo o que nos detém.

De Ti nasce toda vontade reinante,
o poder e a força viva da ação,
a canção que se renova de idade
a idade e a tudo embeleza.

Verdadeiramente – poder a esta declaração –
Que possa ser o solo do qual cresçam
todas as minhas ações: Amém.

AS BEM-AVENTURANÇAS

As Bem-Aventuranças (aramaico)

ܛܘܒܝܗܘܢ ܠܡܣܟܢܐ ܒܪܘܚ : ܕܕܝܠܗܘܢ ܗܝ ܡܠܟܘܬܐ ܕܫܡܝܐ .

ܛܘܒܝܗܘܢ ܠܐܒܝܠܐ ܕܗܢܘܢ ܢܬܒܝܐܘܢ .

ܛܘܒܝܗܘܢ ܠܡܟܝܟܐ : ܕܗܢܘܢ ܢܐܪܬܘܢ ܠܐܪܥܐ .

ܛܘܒܝܗܘܢ ܠܐܝܠܝܢ ܕܟܦܢܝܢ ܘܨܗܝܢ ܠܟܐܢܘܬܐ : ܕܗܢܘܢ ܢܣܒܥܘܢ .

ܛܘܒܝܗܘܢ ܠܡܪܚܡܢܐ : ܕܥܠܝܗܘܢ ܢܗܘܘܢ ܪ̈ܚܡܐ .

ܛܘܒܝܗܘܢ ܠܐܝܠܝܢ ܕܕܟܝܢ ܒܠܒܗܘܢ : ܕܗܢܘܢ ܢܚܙܘܢ ܠܐܠܗܐ .

ܛܘܒܝܗܘܢ ܠܥܒܕ̈ܝ ܫܠܡܐ : ܕܒܢܘܗܝ ܕܐܠܗܐ ܢܬܩܪܘܢ .

ܛܘܒܝܗܘܢ ܠܐܝܠܝܢ ܕܐܬܪܕܦܘ ܡܛܠ ܟܐܢܘܬܐ : ܕܕܝܠܗܘܢ ܗܝ ܡܠܟܘܬܐ ܕܫܡܝܐ .

ܛܘܒܝܟܘܢ ܐܡܬܝ ܕܢܚܣܕܘܢܟܘܢ ܘܢܪܕܦܘܢܟܘܢ : ܘܢܐܡܪܘܢ
ܥܠܝܟܘܢ ܟܠ ܡܠܐ ܒܝܫܐ ܡܛܠܬܝ ܒܕܓܠܘܬܐ.✱ ܗܝܕܝܢ ܚܕܘ
ܘܪܘܙܘ : ܕܐܓܪܟܘܢ ܣܓܝ ܒܫܡܝܐ. ܗܟܢܐ ܓܝܪ ܪܕܦܘ ܠܢܒܝܐ ܕܡܢ
ܩܕܡܝܟܘܢ .

Tubwayhun l'meskenaee b'rukh d'dilhounhie malkutha dashmaya.

Tubwayhun lawile d'hinnon netbayun.

Tubwayhun l'makikhe d'hinnon nertun arha.

Tubwayhun layleyn d'kaphneen watzheyn l'khenuta d'hinnon nisbhun.

Tubwayhun lamrahmane dalayhun nehwun rahme.

Tubwayhun layleyn dadkeyn b'lebhon d'hinnon nehzun l'alaha.

Tubwayhun lahwvday shlama dawnaw(hie) d'alaha nitqarun.

Tubwayhun layleyn detrdep metol khenuta dilhon(hie) malkutha dashmaya.
Tubwayhun immath damhasdeen l'khon waradpin
l'khon wamrin elaykon kul milla bisha metolath b'dagalutha.

Haydeyn khadaw wa rwazw dagarkhun sgee bashmaya hakana geyr r'dapw l'nabiya d'men q'damaykun.

As Bem-Aventuranças
Versão Bíblica

Bem-aventurados os pobres de espírito: porque deles é o reino dos céus.
Bem-aventurados os que choram: porque eles serão consolados.
Bem-aventurados os mansos: porque eles possuirão a terra.
Bem-aventurados os que têm fome e sede de justiça: porque eles serão saciados.
Bem-aventurados os misericordiosos: porque eles alcançarão misericórdia.
Bem-aventurados os limpos de coração: porque eles verão a Deus.
Bem-aventurados os pacíficos: porque eles serão chamados filhos de Deus.
Bem-aventurados os que padecem perseguição por amor da justiça: porque deles é o reino dos céus.
Bem-aventurados sois, quando vos injuriarem e vos perseguirem, e disserem todo o mal contra vós, mentindo, por meu respeito.
Folgai e exultai, porque o vosso galardão é copioso nos céus: pois assim também perseguiram os profetas que foram antes de vós.

(Mateus 5:3-12)

Jesus disse:

Tubwayhun l'meskenaee b'rukh d'dilhounhie malkutha d'ashmaya.

ܛܘܒܝܗܘܢ ܠܡܣܟܢܐ ܒܪܘܚ: ܕܕܝܠܗܘܢ ܗܝ ܡܠܟܘܬܐ ܕܫܡܝܐ.

(Mateus: *Bem-aventurados os pobres de espírito: porque deles é o reino dos céus.*)

> Felizes e alinhados com o Uno são aqueles que
> encontram sua morada na respiração;
> a eles pertence o reino interior –
> o reinado do rei e da rainha dos céus.
>
> Abençoados aqueles que têm a respiração
> refinada; encontrarão seus princípios, normas
> e ideais guiados pela luz divina.
>
> Afinados com a Fonte são aqueles que vivem
> respirando Unidade: o seu "eu posso"
> está incluído no poder divino.
>
> Saudáveis são aqueles que com devoção
> se mantêm no espírito da vida; são sustentados
> e elevados pelo Legislador cósmico
> de toda Luz.

Integros e resistentes à corrupção são aqueles cuja respiração forma uma esfera luminosa; ouvem a Palavra universal e sentem o poder da terra para cumpri-la com suas próprias mãos.

Curados são aqueles que se devotam à união com o espírito; através de sua forma o desígnio do universo se manifesta.

Notas Sobre o Texto

"Bem-aventurados os pobres de espírito: porque deles é o reino dos céus." Assim foi traduzida a primeira Bem-aventurança. A palavra aramaica *meskenaee* engloba a imagem de uma base sólida de morada, de um ponto de repouso, de um recinto fluido, redondo e luminoso, ou ainda, de fidelidade a alguma coisa – como se alguém fosse "pobre" por ausência dessas condições. A palavra *rukh* pode ser traduzida por "espírito", "respiração", "alma", ou qualquer coisa que nos move, incita, anima e une à vida.

Parece que os tradutores gregos se sentiram perdidos com estes significados aparentemente tão diferentes, unidos em torno da imagem do universo inteiro preenchido por um sopro cósmico de vida: o *rukha d'qudsha* ou Respiração Sagrada. "Pobre de espírito" é uma expressão tradicional em aramaico que significa "humilde", como afirma o Dr. George Lamsa (1936). Por trás disso, as raízes aramaicas nos dizem que, quando estivermos sintonizados com a respiração de Deus, não nos colocaremos, de forma inapropriada, em primeiro plano. A prontidão para a ação reside no eterno silêncio do Nome de Deus.

Como vimos no Pai Nosso, *malkutha* é uma

palavra que Jesus usou frequentemente. Trata-se do "eu posso" – o reinado do universo, do pessoal ao cósmico. Neste caso, o "eu posso" estende-se através de todos os reinos de luz, vibração e nome. *Dashmaya* é outra forma gramatical de *d'bashmaya* que encontramos na primeira frase do Pai Nosso.

Oração Corporal

Quando te observares fora de ritmo contigo mesmo ou com o ambiente à tua volta, experimenta sentir o som da palavra *rukha* ou *Alaha* na inspiração e expiração. Permite que o ritmo da palavra e o ritmo da respiração se fundam de maneira natural. Deixa que a sensação da respiração permeie todo o corpo. Gradualmente, solta a palavra e permite que a sensação da respiração embale e acalente as partes do corpo que foram ignoradas ou não estão conectadas com a fonte da vida.

Jesus disse:

Tubwayhun lawile d'hinnon netbayun.

ܛܘܒܝܗܘܢ ܠܐܒܝ̈ܠܐ ܕܗܢܘܢ ܢܬܒܝܐܘܢ.

(Mateus: *Bem-aventurados os que choram: porque eles serão consolados.*)

Abençoados aqueles que se encontram
em tumulto emocional; eles serão unidos
internamente pelo amor.

Saudáveis são aqueles que se encontram fracos
e sobrecarregados pelas suas responsabilidades
e propósito; sentirão fluir novamente
a sua força interior.

Curados são aqueles que choram pelos seus
desejos frustrados; eles os verão realizados
de uma nova forma.

Alinhados com o Uno são aqueles que choram
o seu luto; eles serão confortados.

Afinados com a Fonte são aqueles que se sentem
profundamente confusos perante a vida;
eles retornarão dos seus devaneios.

Notas Sobre o Texto

Esta segunda Bem-aventurança foi traduzida por "Bem-aventurados os que choram, porque serão consolados". *Lawile* pode significar "aquele que está em pranto", como traduzido do grego, mas em aramaico traz também o sentido daquele que deseja profundamente que algo aconteça, que está perturbado emocionalmente, ou aquele que enfraquecido e carente sente nostalgia por tanto desejar que algo ocorra. *Netbayun* pode significar "consolado" mas traz também a conotação de voltar de uma caminhada, o sentimento de continuidade interior, estar unido pelo amor, ou ainda ver a chegada de (literalmente, ver a face de) algo muito desejado e esperado.

Oração Corporal

Quando em agitação, ou incapaz de sentir claramente qualquer emoção, experimenta o seguinte: inspira sentindo a palavra *lawile* (lah-wi-ley) e expira sentindo a palavra *netbayun* (net-bah-yun). Abraça tudo o que puderes sentir e permite que todas as emoções fluam através de ti, como se estivesses sob a suavidade de uma cachoeira. Segue este fluxo até a sua origem e procura encontrar aí a fonte de onde surgem todas as emoções. Nesta fonte considera qual emoção tem significado para o momento, qual ação ou não ação é importante *agora*.

Jesus disse:

Tubwayhun l'makikhe d'hinnon nertun arha.

ܛܘܒܝܗܘܢ ܠܡܟܝܟܐ܆ ܕܗܢܘܢ ܢܐܪܬܘܢ ܐܪܥܐ.

(Mateus: *Bem-aventurados os mansos: porque eles possuirão a terra.*)

Abençoados aqueles que são suaves;
eles herdarão a terra.

Saudáveis são aqueles que tornaram flexível a
rigidez interior; receberão o vigor físico e a força
do universo.

Alinhados com o Uno são os humildes,
os que se submetem à vontade de Deus; serão
presenteados com a produtividade da terra.

Curados são aqueles que choram internamente
a dor
do desejo reprimido; eles serão renovados
em solidariedade com a natureza.

Integrados e imunes à corrupção são aqueles
que dissolveram dentro de si a austera
moralidade;
estarão abertos para receber o esplendor dos
frutos da terra.

Notas Sobre o Texto

Esta terceira Bem-aventurança foi traduzida por "Bem-aventurados os mansos, porque possuirão a terra". *L'makikhe* poderia ser traduzido como "manso" (como foi feito a partir do grego) mas o aramaico diria "gentil" ou "humilde". Por trás dessas palavras, as antigas raízes trazem o significado de alguém que tornou flexível o que estava endurecido por dentro, quem se submeteu ou se entregou a Deus, ou quem aboliu a rigidez, o peso (especialmente o peso moral) e a dor interior dos desejos reprimidos.

Nertun pode significar "herdar", no sentido mais amplo de recebimento da fonte universal de força (*AR*) e de reciprocidade (*T*). Neste caso, indica o amolecimento dos recantos interiores mais rígidos deixando-nos mais abertos para a real fonte de poder – Deus atuando através de toda a natureza, de tudo o que pertence à terra.

Oração Corporal

Ao sentires cansaço e fadiga com as tarefas da vida, escolhe um momento para inspirar sentindo *makikhe* (mah-ki-key) e expirar sentindo *arha* (ar-ha). Observa como o que está apertado e endurecido começa a se soltar, afrouxar. Tenta visualizar um lugar especial e preferido na natureza onde te sintas aberto, recebendo a generosidade da creação. Melhor ainda, vai a esse lugar.

Jesus disse:

Tubwayhun layleyn d'kaphneen watzheyn l'khenuta d'hinnon nisbhun.

ܛܘܒܝܗܘܢ ܠܐܝܠܝܢ ܕܟܦܢܝܢ ܘܨܗܝܢ ܠܟܐܢܘܬܐ܆ ܕܗܢܘܢ ܢܣܒܥܘܢ܀

(Mateus: *Bem-aventurados os que têm fome e sede de justiça: porque eles serão saciados.*)

Abençoados são aqueles que têm fome e sede de retidão, de justiça física; eles serão cercados pelo que é necessário para sustentar seus corpos.

Saudáveis são aqueles que voltam suas bocas para receber um novo nascimento de estabilidade universal; serão rodeados pelo surgimento de uma nova sociedade.

Alinhados com o Uno são aqueles que acordam à noite
enfraquecidos e internamente ressequidos
pelo estado antinatural do mundo;
eles receberão satisfação.

Curados são aqueles que persistentemente sentem em seu interior: "Se eu pelo menos pudesse achar força renovada e um propósito claro no qual pudesse basear minha vida"; eles serão abraçados pelo poder do nascimento.

Integrados, resistindo às ilusões são os que desejam com clareza uma base pacífica para as facções que dentro de si estão em discórdia; eles encontrarão, à sua volta, os elementos necessários à sua construção.

Notas Sobre o Texto

Esta Bem-aventurança foi traduzida por "Bem-aventurados os que têm fome e sede de justiça: porque eles serão saciados". *Khenuta* foi traduzido por "justiça"(em inglês um termo vago e metafísico: righteousness = retidão). Em aramaico, esta palavra refere-se a justiça, tanto no sentido exterior como interior, uma base sobre a qual as coisas podem descansar, a perfeição da estabilidade natural. Isto inclui, além da retidão exterior, a inteireza, o equilíbrio das nossas diferentes vozes interiores, bem como o seu reflexo na sociedade.

As raízes mais antigas da palavra aramaica *layleyn* (àqueles) retornam à imagem de alguém que vigia à noite, esperando, à luz de uma lâmpada, que algo aconteça. De acordo com as antigas raízes, essa espécie de desejo cria um vórtice de possibilidades que recolhe o desejo do coração. Aqui o significado antigo de uma palavra gerou o que chamamos de gramática – neste caso, uma construção que indica posse e direção para uma pessoa.

A palavra traduzida por "fome" (*d'kaphneen*, literalmente, "os esfomeados") pode também significar "voltar a boca para algo", ou o desejo de fortificar o ser físico. "Sede" (*tzheyn*) também transmite a imagem de estar internamente ressequido (poderíamos dizer, "arruinado"). Quando desejamos e finalmente recebemos um sentimento de justiça interior e o reestabelecimento da harmonia, constatamos o sentido da fome e da sede. Crea-se um sentido interno de radiância e claridade: o soltar-se terá uma finalidade. Em *nisbhun* há outra imagem, em aramaico, de "estar satisfeito", que também significa "estar rodeado pelos frutos", "por nascimentos" e "abraçado pela procreação".

Oração Corporal

Para encontrar a orientação: experimenta inspirar e expirar a palavra *khenuta* (khe-nu-tah) ou entoá-la em uma única nota, vagarosamente, sentindo a ressonância do som final – *tah* abrindo o teu coração. Se tiveres que tomar uma decisão em tua vida, procura sentir as várias opções possíveis dentro de ti e deixa que elas se unam à sensação da respiração e do batimento cardíaco. Qual alternativa parece abrir-se do coração como o final do som? Continua respirando o som e tenta observar cada alternativa, comparando a sensação do corpo para cada uma das opções. Ou, se estás buscando uma orientação geral, um direcionamento (não uma escolha), que imagens vês surgir ao completar o som e a respiração?

Jesus disse:

Tubwayhun lamrahmane dalayhun nehwun rahme.

ܛܘܒܝܗܘܢ ܠܡܪ̈ܚܡܢܐ܆ ܕܥܠܝܗܘܢ ܢܗܘܘܢ ܪ̈ܚܡܐ.

(Mateus: *Bem-aventurados os misericordiosos: porque eles alcançarão misericórdia.*)

Abençoados são aqueles que de suas entranhas dão à luz a misericórdia; sentirão que ela os enlaça em seus braços calorosos.

Alinhados com o Uno são os compassivos;
a compaixão estará com eles.

Saudáveis são aqueles que dispensam graça;
suas preces serão atendidas.

Curados são aqueles que, onde e quando
necessário, estendem um longo alento
do coração; sentirão o calor do ardor cósmico.

Sintonizados com a Fonte são aqueles cuja radiância vem do mais profundo do ser; sobre eles incidirão os raios do Amor universal.

Notas Sobre o Texto

Esta Bem-aventurança foi traduzida por "Bem-aventurados os misericordiosos: porque alcançarão misericórdia". As palavras chave *lamrahmane* e *rahme* vêm ambas de uma raiz que mais tarde, a partir do grego, foi traduzida por "misericórdia". A raiz antiga significa "ventre", ou um movimento interno, extensivo do centro das profundezas do corpo, irradiando calor e ardor. A raiz também pode significar "pena", "amor", "compaixão", uma "longa respiração partilhando graça", ou "uma resposta a uma prece". A associação de ventre e compaixão nos leva à imagem de "a misericórdia que dá a luz". Como Meister Eckhart escreveu mais tarde: "Temos todos vocação para sermos Mães de Deus".

Oração Corporal

Entoe vagarosamente a raiz *rahm* (rah-hm), abrindo-se para permitir que o som penetre os ossos e músculos na base da pelvis, indagando: Como eu posso sentir mais amor e compaixão da maneira mais profunda? Como posso sentir a minha luta para nascer unida aos gritos de nascimento da terra e de todos os seus seres?

Jesus disse:

Tubwayhun layleyn dadkeyn b'lebhon d'hinnon nehzun l'alaha.

ܛܘܒܝܗܘܢ ܠܐܝܠܝܢ ܕܕܟܝܢ ܒܠܒܗܘܢ: ܕܗܢܘܢ ܢܚܙܘܢ ܠܐܠܗܐ.

(Mateus: *Bem-aventurados os limpos de coração: porque eles verão a Deus.*)

Abençoados são aqueles que estão firmes
em seu coração; contemplarão o Uno.

Saudáveis são aqueles cuja paixão é eletrizada por
um propósito profundo e duradouro;
verão o poder que move e se mostra
em todas as coisas.

Alinhados com o Uno são aqueles cujas vidas
irradiam do âmago do amor; verão a Deus
em toda parte.

Curados são aqueles que têm a coragem e a audácia de sentir a abundância interna; contemplarão a extensão mais profunda da riqueza da vida.

Resistentes à corrupção são aqueles cuja reação natural é solidariedade e amizade; eles serão iluminados por um clarão súbito: a Fonte do movimento da alma em todas as creaturas.

Notas Sobre o Texto

Esta Bem-aventurança foi traduzida por "Bem-aventurados os limpos de coração: porque verão a Deus". *Dadkeyn* refere-se àqueles que são "firmes" na compaixão ou no amor, possuem um senso natural da abundância e da influência de um propósito eletrizante e fixo. As raízes antigas do termo evocam uma flor em botão, pois esta é a sua natureza.

A palavra traduzida por coração (*lebhon*) também traz o sentido de qualquer centro de onde a vida se irradia, do poder gerador em expansão – vitalidade, desejo, afeto, coragem e audácia – todos em unidade. *Nehzun* poderia ser traduzido por "ver", mas também indica a visão interna, ou contemplação. As raízes antigas evocam a imagem de um raio de luz que aparece de repente no céu, da mesma forma como acontece o discernimento imediato (*insight*). As raízes da palavra *alaha*, além de Deus e Uno, se referem também à força e ao movimento apaixonado do cosmos, através da alma de todo ser vivo. Uma outra imagem da raiz de *alaha* é a extensão máxima de uma força cósmica que também possui identidade e pode ser identificada em toda parte como: aqui! isto!

Oração Corporal

Para desenvolver um senso de "coração" e confiança, entoa *lebhon* (le-bh-oh-n) lentamente, em uma única nota, visualizando e sentindo o som penetrando o centro do peito e daí ressoando (especialmente no som *n*) por todo o corpo. Continua com esta prática, adicionando a imagem/sentimento de um relacionamento, ou projeto que esperas tenha consistência e uma feliz conclusão. Observa e sente como a situação começa a gerar frutos, enquanto entoas *nehzun l'alaha* (neh-zun l'al-ah-ha).

Jesus disse:

Tubwayhun lahwvday shlama dawnaw(hie) d'alaha nitqarun.

ܛܘܒܝܗܘܢ ܠܥܒܕܝ ܫܠܡܐ܆ ܕܒܢܘܗܝ ܕܐܠܗܐ ܢܬܩܪܘܢ܀

(Mateus: *Bem-aventurados os pacíficos: porque eles serão chamados filhos de Deus.*)

Abençoados os que semeam paz em cada estação;
serão chamados filhos de Deus.

Saudáveis são aqueles que tocam a nota
que unifica; serão lembrados como raios
da Unidade Única.

Alinhados com o Uno estão aqueles
que preparam o solo para todos os encontros
tranquilos; eles serão fontes de vida.

Integrados são aqueles que alegremente fazem
a paz consigo mesmos; serão assinalados
com o selo da Identidade Cósmica.

Curados são aqueles que dão o fruto
da compaixão e da segurança para todos;
eles acelerarão a vinda da nova creação de Deus.

Notas Sobre o Texto

Esta Bem-aventurança foi traduzida por "Bem-aventurados os pacíficos: porque eles serão chamados filhos de Deus". *Lahwvday* se refere àqueles que não apenas fazem ou executam uma ação, mas sentem-se comprometidos com a mesma. As raízes antigas evocam mais imagens de plantio, o cultivo da terra, trabalhá-la regularmente, produzir frutos e celebrar. É dada ênfase a tudo o que é feito periódica e regularmente, mesmo que o seja em circunstâncias pouco favoráveis.

A palavra para "paz"(*shlama*) em sua essência é a mesma que foi usada como saudação em todo o Oriente Médio, durante milhares de anos. Também significa saúde, segurança, um acordo recíproco que salva uma situação difícil, uma reunião feliz, ou um toque que une a todos com empatia.

A palavra para "crianças"(*dawnawhie*) se refere a qualquer encarnação, emanação ou produção ativa a partir daquilo que apenas existia anteriormente em potencial. As raízes da palavra traduzida por "serão chamados"(*nitqarun*) também apresenta a bela imagem de cavar um canal ou poço, permitindo que a água flua. Nesse sentido, ao plantarmos paz nos tornamos canais ou fontes para a realização da vontade divina.

Oração Corporal

Para a paz: Inspira e expira o som da palavra *shlama* (shlah-mah). Que ação regular poderá tornar-te a vida mais pacífica? Como esse sentimento poderá ser extensivo para uma ação que inclua a paz da tua comunidade?

Jesus disse:

Tubwayhun layleyn detrdep metol khenuta dilhon(hie) malkutha dashmaya.

ܛܘܒܝܗܘܢ ܠܐܝܠܝܢ ܕܐܬܪܕܦܘ ܡܛܠ ܟܐܢܘܬܐ܂ ܕܕܝܠܗܘܢ ܗܝ ܡܠܟܘܬܐ ܕܫܡܝܐ.

(Mateus: *Bem-aventurados os que padecem perseguição por amor da justiça: porque deles é o reino dos céus.*)

Bênçãos aos que são deslocados por causa da justiça; a dimensão do universo proverá seu novo lar.

Saúde para aqueles que são subjugados e separados por desejarem uma base sólida; seu domínio é creado pela palavra acima, a terra abaixo.

Alinhados com o Uno são aqueles que encontram a vergonha em sua busca de estabilidade natural; deles é o princípio regente do cosmos.

Cura para aqueles que foram despedaçados internamente ao procurar o repouso perfeito; restaura-os à vida o "Eu posso" celestial.

Sintonizados à Fonte os perseguidos
por tentarem corrigir o equilíbrio da sociedade;
a eles pertence o reinado vindouro.

Notas Sobre o Texto

Esta Bem-aventurança foi traduzida como "Bem-aventurados os que padecem perseguição por amor da justiça: porque deles é o reino dos ceus". Além de "perseguido" a palavra *detrdep* também pode significar dirigido, dominado, deslocado, desunido ou movido por escândalo ou vergonha. *Khenuta* – a base da justiça interna e estabilidade – é a mesma palavra encontrada na quarta Bem-aventurança. A recorrência à frase *malkutha dashmaya* nos lembra a realeza e o poder do universo, assim como o seu potencial: o *shem* ou luz que está em evidência em todos os lugares. Não tenhamos medo de olhar além das fronteiras do que costumamos chamar de "lar".

Nesta e na próxima Beatitude, Jesus apresenta uma imagem realista do que provavelmente os seus ouvintes já sabiam: a sociedade não tolera facilmente o espírito profético e é possível que a ele se oponha. No entanto, Jesus não se compadece de nós, nem nos incita a procurar o sofrimento. Ele coloca a reação da sociedade dentro do contexto cósmico. Se formos desalojados pela justiça, que o planeta – ou o universo – seja considerado o nosso novo lar. As fronteiras que nos dão alguma margem de segurança, às vezes também nos isolam do passo seguinte. "Considera a adversidade como um incentivo para o próximo passo" parece ser tanto a mensagem quanto a oração corporal destas Beatitudes finais.

Jesus disse:

Tubwayhun immath damhasdeen l'khon waradpin l'khon wamrin eleykon kul milla bisha metolath b'dagalutha.

ܛܘܒܝܟܘܢ ܐܡܬܝ ܕܡܚܣܕܝܢ ܠܟܘܢ ܘܪܕܦܝܢ ܠܟܘܢ܆ ܘܐܡܪܝܢ
ܥܠܝܟܘܢ ܟܠ ܡܠܐ ܒܝܫܐ ܡܛܠܬܝ ܒܕܓܠܘܬܐ.

(Mateus: *Bem-aventurados sois, quando vos injuriarem e vos perseguirem, e disserem todo o mal contra vós, mentindo, por meu respeito.*)

Bênçãos quando conspirarem contra ti,
e te envolverem em escândalo, e te acusarem
falsamente de corrupção, por minha causa...

Saúde quando a tua força for sugada, quando fores fragmentado e falsamente classificado como uma perda de tempo, por minha causa...

Renovação quando fores repreendido e afastado pelo clamor do mal em todos os lados, por minha causa...

Quando fores coberto de insultos, como uma teia pegajosa, quando fores desmembrado
e erroneamente rotulado de imaturo,
por minha causa...

Quando te sentires contaminado, deslocado e sentires uma vergonha interna sem razão, é por minha causa...

Notas Sobre o Texto

Esta Bem-aventurança foi traduzida como "Bem-aventurados sois, quando vos injuriarem, e vos perseguirem e disserem todo o mal contra vós, mentindo, por meu respeito". Esta afirmação continua o pensamento da Beatitude anterior e faz uma transição para as surpreendentes conclusões que se seguem.

Damhasdeen pode significar maltrato, repreensão, escárneo, pena, insulto, conspiração, ou ter a força sugada. No significado de "contaminação" a palavra traz a imagem de estar envolto por uma cobertura pegajosa de culpa. *Radpin* é outra forma da palavra usada na Beatitude precedente para "perseguição" ou "deslocamento". *Mrin* se refere a clamor, ruído exagerado e qualquer expressão que nos classificasse erroneamente como *bisha* ("ver o Pai Nosso" em aramaico): mau, corrupto, imaturo, desviado.

Essas ocorrências desagradáveis, mas realistas são novamente expandidas para um contexto cósmico segundo a conclusão feita por Jesus.

Jesus disse:

Haydeyn khadaw wa rwazw dagarkhun sgee bashmaya hakana geyr r'dapw l'nabiya d'men q'damaykun.

ܗܝܕܝܢ ܚܕܘ ܘܪܘܙܘ: ܕܐܓܪܟܘܢ ܣܓܝ ܒܫܡܝܐ.
ܗܟܢܐ ܓܝܪ ܪܕܦܘ ܠܢܒܝܐ ܕܡܢ ܩܕܡܝܟܘܢ.

(Mateus: *Folgai, e exultai, porque o vosso galardão é copioso nos céus: pois assim também perseguiram os profetas que foram antes de vós.*)

Que te sintas então no auge de todas as coisas e te emociones ao extremo, pois a tua abundância natural, já existente no cosmos, multiplicou-se ao teu redor (dos golpes no teu coração).

Faz tudo ao extremo inclusive deixar o teu ego desaparecer, pois este é o segredo para reivindicar o teu lar expandido no universo.

Bebe uma gota – ou deixa-te encharcar.
Não importa para onde te voltes, encontrarás o Nome inscrito em luz: é tudo a Creação Única.

Pois assim envergonharam os que vieram antes de ti:

Todos aqueles que, extasiados, disseram coisas inspiradas – que produzem no exterior o que o espírito lhes deu no interior.

É o sinal da profecia ser perseguida pelas circunstâncias.

É o sinal dos profetas e profetisas sentirem intensamente a desunião ao seu redor.

Estas últimas sentenças foram assim traduzidas: "Regozijai-vos, e exultai, porque o vosso galardão é copioso nos céus: pois assim também perseguiram os profetas que foram antes de vós". A versão aramaica mostra que a primeira parte desta tradução é superficial. Jesus não está simplesmente promovendo o "pensamento positivo" face às injustiças da sociedade.

A raiz da palavra *khadaw* se refere "a tudo ao extremo, o ponto culminante de algo, alegria ou animação". Também apresenta a imagem de uma gota de vinho. As raízes da palavra seguinte, *rwazw*, trazem as imagens de um movimento interno de tornar-se muito tênue, de beber ou encharcar-se, de um raio de qualquer coisa, ou da respiração. De acordo com d'Olivet, a raiz *rz* tem a conotação de um processo interno que permite ao ego tornar-se "sutil", um segredo dos místicos do deserto. As imagens da respiração e do encharcar-se indicam outras partes desse processo. Portanto, a combinação dos termos significa que, quando ocorrem deslocamentos exteriores e perseguições, nós podemos usá-los para expandir o território interno, permitindo que o *naphsha* (o subconsciente) receba a atenção que merece e se torne gradativamente mais claro com relação à intenção divina.

A consciência da respiração (da mesma maneira que as orações corporais mencionadas) podem ajudar a fazer essa conexão interna. Podemos então encarar a vida com todo o coração, podemos fazer as coisas "ao extremo", sem necessidade de desculpas por sermos parte da herança profética e mística que Jesus renovou. A imagem do vinho, associada com estados extáticos de consciência, representa um papel importante nas escolas místicas. Como vimos no Pai Nosso, Jesus, referindo-se ao vinho, pode também ter indicado o poder liberador do sangue. Quando eu libero o que pensei que eu era, muda o meu ponto de vista, e eu posso ver mais claramente a abundância do universo.

As raízes de *dagarkhun*, que se traduziu por "sua recompensa", referem-se a essa sensação expansiva da abundância natural, um movimento orgânico surgindo inteiramente da Fonte, mas fixado e ancorado na existência material. É outra imagem indicando a presença de Deus em todas as coisas. O verbo *sgee* pode ser traduzido como "aumentado", mas traz também a imagem de uma expansão a partir do centro da abundância. Isto pode indicar não apenas a abundância cósmica, mas a expansão do sentido interno e centro da abundância. Como a poeta americana Edna St. Vincent Millay disse em "Renascence": "O mundo pode ser percebido em ambos os lados, nem um pouco mais largo do que o coração é largo". Os golpes no coração podem ser entendidos não apenas como pessoalmente dolorosos (o que Jesus confirma), mas também como ajuda para abrir uma perspectiva mais ampla de sentimento e empatia para com toda a creação.

Na última cláusula, a palavra *nabiya* traduzida como "profetas", deriva de uma raiz que indica inspiração divina ou fala inspirada, também um êxtase ou arrebatamento que germina ou frutifica no mundo. Esta palavra usada para profecia nas Escrituras, significa agir com o espírito que nos preenche. Jesus reconhece que isso pode ser um desafio e um incômodo para a sociedade, porque não podemos ignorar os pobres e excluídos entre nós. Nem Ele minimiza as dificuldades que envolvem aqueles que estão no caminho da profecia, como pode parecer através da tradução "regozijai-vos e enchei-vos de alegria..."

No aramaico, o final das Beatitudes toca uma nota agridoce, porém mais profunda do que nos traz a versão grega. Reconhece que é natural um certo desencorajamento e pode ser um lembrete para nos voltarmos para dentro e nos renovarmos antes de prosseguirmos em nossa parceria com a creação dos céus sobre e para a terra.

As Bem-Aventuranças

(Uma nova tradução
possível do aramaico)

Afinados com a Fonte são aqueles que vivem respirando Unidade; o seu "eu posso" está incluído no poder divino.

Abençoados são aqueles que se encontram em tumulto emocional; eles serão unidos internamente pelo amor.

Saudáveis são aqueles que tornaram flexível a rigidez interior; receberão o vigor físico e a força do universo.

Abençoados são aqueles que têm fome e sede de justiça física; eles serão cercados pelo que é necessário para sustentar seus corpos.

Abençoados são aqueles que de suas entranhas dão à luz a misericórdia; sentirão que ela os enlaça em seus braços calorosos.

Alinhados com o Uno são aqueles cujas vidas irradiam do âmago do amor; verão a Deus em toda parte.

Abençoados são os que semeam paz
em cada estação; serão chamados filhos de Deus.

Bênçãos aos que são deslocados por causa
da justiça;
a dimensão do universo proverá seu novo lar.

Renovação quando fordes repreendidos e
afastados pelo
clamor do mal em todos os lados, por minha
causa...

Então, fazei tudo ao extremo, inclusive
deixar que o vosso ego desapareça,
pois esta é a maneira secreta
de reivindicar a expansão
da vossa morada no universo.

Pois assim envergonharam os que vieram
antes de vós:

Todos aqueles que, extasiados, disseram coisas
inspiradas – que produzem no exterior
o que o espírito lhes deu no interior.

OUTROS PRONUNCIAMENTOS

Primeiro Pronunciamento

"E um deles, que era doutor da lei, tentando-o, perguntou: Mestre, qual é o grande mandamento da lei? Jesus lhe disse: Amarás ao Senhor teu Deus de todo o teu coração, e de toda a tua alma, e de todo o teu entendimento, este é o maxímo e o primeiro mandamento. E o segundo semelhante a este é: Amarás a teu próximo, como a ti mesmo."

(Mateus 22:35-39)

Jesus disse:

Detrahm l'marya Alahak
men kuleh lebak
wa men kuleh naphshak
wa men kuleh haylak
wa men kuleh rewhyanak...
Detrahm laqriybak ayk naphshak.

ܕܬܪܚܡ ܠܡܪܝܐ
ܐܠܗܟ ܡܢ ܟܠܗ ܠܒܟ: ܘܡܢ ܟܠܗ ܢܦܫܟ: ܘܡܢ ܟܠܗ ܚܝܠܟ: ܘܡܢ ܟܠܗ
ܪܥܝܢܟ
ܕܬܪܚܡ ܠܩܪܝܒܟ ܐܝܟ ܢܦܫܟ.

Jesus disse:

Do mais profundo do teu ser, deixa que o amor
nasça para os raios do Uno
que brilham à tua volta...

Deixa que esse amor venha de todo
o teu coração – centro da tua vida:
tua paixão, coragem e audácia – e toque
todo o teu ser subconsciente,
esta alma instintiva que dispersa e unifica.

Deste ser libera toda a tua energia instintiva
e força vital para inundar a tua mente inteira
com amor.

Este é o mandamento mais importante (*raba*) –
o primeiro movimento creativo que dá poder a
todos os outros.
O segundo é como ele:

Inspira compaixão por aquele misteriosamente
atraído para viver perto de ti: ama esse amigo
como amas o ser que vive em teu interior
– o subconsciente –
que às vezes se sente separado e intruso.

Notas Sobre o Texto

A palavra *Marya*, mais frequentemente usada como *Alaha* e traduzida como "senhor", vem da raiz *mar* – o princípio elementar que irrompe em luz, que ilumina e aquece todas as coisas. Se abrirmos nossos olhos, vemos à nossa volta a luz do Uno brilhando através da creação material. Não nos é pedido que amemos a Deus separado do mundo, mas que em tudo vejamos o Uno.

A palavra para "coração" *lebak*, vem de uma raiz que significa toda a paixão, coragem, audácia e vitalidade, literalmente "o coração ou centro de nossa vida". Nas raízes antigas é dada a imagem de uma ação interna de geração creativa que se expande a partir do centro. (Ver também o texto sobre a sexta Beatitude.)

Do coração, disse Jesus, expande-te até incluir todo o *naphsha*. A palavra *naphsha* é um conceito chave e pode ser encontrado no *nephesh* hebraico, assim como no *nafs* árabe. Nas várias traduções das palavras de Jesus para o grego, às vezes é traduzida por "alma" e às vezes por "ser subconsciente". Isso levou a muita confusão desnecessária que no aramaico é esclarecida.

Naphsha poderia ser chamado de ser "subconsciente" ou "instintivo". Na psicologia inerente ao misticismo nativo do Oriente Médio, esse "ser" era visto como "eu" ou "ego", que tem sua realização potencial em cooperação com Deus – o "Eu Sou o Eu Sou". *Naphsha* pode ser diferenciado de várias formas. Algumas partes podem ser sentidas como "vizinhos" – aqueles que foram levados a se mudar para perto, mas que não fazem parte da nossa família. Outras partes podem estar em cooperação com a luz divina (*shem*) e a guiança (*malkutha*). O projeto total da existência era unir as várias partes do *naphsha* numa cooperação disponível com a Fonte – *Abwun*.

Amando-se o *ser* em vez de rejeitá-lo, libera-se toda a nossa energia vital instintiva, o *hayla*.(Ver também o texto sobre a última frase do Pai Nosso). Essa energia então se expande, inundando toda a mente. Nesse caso, Jesus usa a palavra *rewhyanak*, cujas raízes se referem à mente inferior: a que compreende, acumula e sofre as dores e ansiedades da existência material.

Nessa afirmação sobre o "maior mandamento" (da raiz *rab*) – o movimento que crea tudo o que se segue), Jesus escolheu uma expressão que inclui todos os elementos da lei da manifestação mística do Oriente Médio. Na medida em que amássemos incondicionalmente a Unidade, dentro e fora geraríamos amor no coração e traríamos mais e mais *naphsha* para a luz de

Deus. Com isso, a energia liberada clarearia o nosso sentimento e direção na vida. Dessa intenção mais clara resultam pensamentos mais claros e, consequentemente, ações mais claras. Dessa forma, amar a Deus o *suficiente* faz tudo.

Para o caso de sua plateia não entender o fato do *naphsha* ou ser *subconsciente* também ser refletido externamente, Jesus adicionou uma segunda parte. A palavra geralmente traduzida por "vizinho" literalmente se refere àqueles que de certa forma misteriosa foram atraídos para viverem perto de alguém. As raízes da palavra *laqriybak* revelam um princípio que no misticismo do Oriente Médio só pode ser chamado de tendência, quando partes de plantas, animais, humanos, e todos os seres, simplesmente se agrupam, ou podem até formar laços comuns. Às vezes as pessoas conscientemente escolhem viver perto umas das outras, a partir de um sentimento de simpatia, e outras vezes o movimento de agrupamento é mais misterioso e não podemos discernir porque nos tornamos vizinhos de alguém.

Jesus diz que isso é como a cooperação do *naphsha*. Na medida em que unimos os "moradores" internos, também nos tornamos mais responsáveis pelos que moram à nossa volta. Dito de outra forma, não há prova de trabalho espiritual interno sem ação correspondente na comunidade. Em outro lugar, Jesus acrescenta: "Pelos frutos se conhece a árvore, estejam ou não maduros". (Mateus 12:33)

Maior esclarecimento sobre o assunto nos traz o trabalho dos sufis, uma escola mística surgida de vários grupos de ascetas do deserto, antes e depois de Jesus. O sufismo é um precursor de todas as religiões estabelecidas no Oriente Médio, de acordo com o ensino tradicional de algumas ordens sufi, e sobreviveu através do segredo e de uma certa "mudança de forma". No sufismo, uma ciência elaborada dos *nafs* mostra vários estágios da evolução do ser subconsciente – do animal ao quase humano, do humano pleno ao divino.

Esses estágios parecem corresponder ao grau de flexibilidade do corpo, emoções e personalidade, à vontade de Deus. Na medida em que a luz divina penetra a assim dita escuridão, o ser mais a ama e encontra alegria espiritual na vida cotidiana. Finalmente, a divisão entre *ser* e Deus desaparece e percebe-se que o ser subconsciente não é nada mais do que a alma, um raio da luz divina que não nasce nunca e jamais morre. É nesse ponto que o místico pode dizer com Meister Eckhart: "Eu sei agora que os olhos através dos quais eu vejo Deus são os olhos através dos quais Deus me ve".

Segundo Pronunciamento

Jesus disse:

"Ama aos teus inimigos."

(Lucas 6:27,35)

Jesus disse:

Ahebw labwheldbabaykhun.

ܐܚܒܘ ܠܒܥܠܕܒܒܝܟܘܢ܃

Jesus disse:

De um lugar oculto,
une-te aos teus inimigos internos,
preenche o vazio interior que faz com que
eles se expandam
e saiam do ritmo: ao invés de progredirem,
passo a passo,
eles param e recomeçam abruptamente,
descompassadamente.

Restabelece o teu ritmo interno.
Encontra o movimento que se case
com o movimento deles,
como dois amantes creando vida do pó.
Faz esse trabalho secretamente,
para que eles não saibam.
Este é o amor fecundo,
não é simulação.

Notas Sobre o Texto

A palavra *ahebw* (raiz *hab*) usada aqui para "amor" difere muito de *rahm* usada na passagem anterior. Desta vez não se encontra o sopro da compaixão e piedade, mas uma força impessoal ainda mais misteriosa que age em segredo para reunir seres separados e crear nova vida. A raiz pode também referir-se ao plantio de uma semente, a um relacionamento sexual, e ao gérmen de um grão. Esta raiz foi usada em todo o misticismo nativo do Oriente Médio e sobrevive numa famosa frase sufi, *Mahabud lillah*, "Deus é o receptáculo e o doador do amor, assim como o próprio amor".

A palavra para inimigo *bwheldbabaykhun* traz a imagem de um ser fora do tempo, locomovendo-se com movimentos abruptos, duros. Esta é a imagem aramaica para "injustiça". (Compare o texto da sétima frase do Pai Nosso sobre o "mal", *bisha*.) As raízes também apresentam a imagem de alguém cujo próprio vazio interior e inação fizeram com que essa pessoa se tornasse externamente inchada, como um furúnculo. Essas condições do "inimigo" são relativas ao sujeito. Isto é, nosso inimigo pessoal está fora de compasso, retardado, vazio e inchado. O inimigo de uma nação, ou do planeta, tem essas qualidades em relação a uma esfera muito mais ampla.

Nessa simples declaração Jesus apresenta a lei mística dos relacionamentos. Para bem conviver, encontra o ritmo que se harmonize com o das outras pessoas que, por sua vez, se sentirão harmonizadas. Busca dentro de ti aquilo que preenche o teu vazio interior e dirige-te a isto nelas. Este enunciado nada diz sobre ser "agradável" com o inimigo ou permitir que ele te oprima.

Terceiro Pronunciamento

Jesus disse:

"Se pedirdes a meu Pai alguma coisa em meu Nome, Ele vo-la dará. Até agora não pedistes nada em meu Nome. Pedi e recebereis para que a vossa alegria seja plena."

(João 16:23-24)

Jesus disse:

D'kul merem detheshalun l'aby b'shemy
netel l'kun...

Shalam watesbwun
detehwey had wath'khon m'shamlaya.

ܕܟܠ ܡܕܡ ܕܬܫܐܠܘܢ ܠܐܒܝ ܒܫܡܝ : ܢܬܠ ܠܟܘܢ.

ܫܐܠܘ ܘܬܣܒܘܢ ܕܬܗܘܐ ܚܕܘܬܟܘܢ ܡܫܡܠܝܐ.✲

Jesus disse:

Todas as coisas que pedires diretamente,
que desejares, –
como uma seta atinge o alvo,
como as aves voam em busca da fonte –

da Vida que Respira do Todo, Pai/Mãe do Cosmos,

com meu *shem* –
minha experiência,
minha Luz e Som,
minha Atmosfera, minha Palavra:
de dentro do meu Nome –

te será dado.

Até agora não fizeste isto.

Portanto, pede sem motivo oculto
e para que sejas cercado pela resposta –
e envolvido pelo que desejas –
que tua felicidade seja plena –
que a alegria das tuas metas alcançadas
possa continuar sua história até a pefeição
na Unidade –
que a vida animal em ti
encontre seu amante no Cosmos.

A palavra para "pedir", *detheshalun*, evoca uma imagem de viagem em linha reta, pedindo ou desejando diretamente. As velhas raízes apresentam a imagem de um bando de pássaros chegando à fonte para beber – eles vêm diretamente, sem motivos ocultos.

A palavra *b'shemy* se baseia no mesmo *shem* que ocorre na primeira frase do Pai Nosso. Que essa frase tenha sido traduzida exclusivamente como "em meu Nome", sem os demais significados, é outra tragédia da tradução limitada. O resultado é que ao invés de prevalecer o cerne, a essência dos ensinamentos de Jesus, honra-se somente a casca, o invólucro. A palavra traduzida por "receber," *tesbwun*, se baseia na mesma raiz usada na quarta Beatitude: estar satisfeito, envolvido, rodeado, ou abraçado pelo que se deseja.

Tal como no fechamento das Beatitudes, a palavra traduzida por "alegria"(*had*) também pode significar um sentimento culminante, a experiência de ter alcançado um alvo, um desejo realizado. Deixa esse sentimento culminante continuar seu movimento até o final, diz Jesus usando a palavra *m'shamlaya*. A raiz apresenta a imagem de uma história seguindo até sua natural conclusão. Tal como em momentos de dor, (como aqueles considerados no final das Beatitudes), Jesus diz: "Deixa que tuas experiências de pico (sentimento de deleite, de êxtase) encontrem o seu complemento na vida maior do universo".

Referências Bibliográficas

Aprem, Rev. Dr. Mar. *Teach Yourself Aramaic*. Kerala, India: Mar Narsai Press, 1981.

Black, Matthew. *An Aramaic Approach to the Gospels and Acts*. Oxford: Oxford University Press, 1967.

D'Olivet, Fabre. (Versão inglesa por Nayan Louise Redfield). *The Hebraic Tongue Restored.* New York & London: Putnam, 1921.
Publicação original em francês, 1815.

Eisler, Riane. *The Chalice and the Blade*. San Francisco: Harper & Row. 1987.

Errico, Rocco A. *The Ancient Aramaic Prayer of Jesus*. Los Angeles: Science of Mind, 1978. –. *Let There Be Light: The Seven Keys*. Marina del Rey, CA: Devorss & Co. 1985.

Errico, Rocco A., e **Bazzi**, Michael J. *Classical Aramaic, Assyrian-Chaldean Dialect, Elementary Book 1*. Irvine, CA: Noohra Foudation, 1989.

Gwilliam, G. H. *Peshitta Version of the Gospels*. Oxford: Clarendon, 1901.

Jeremias, Joachim. *The Lord's Prayer*. Philadelphia: Fortress, 1964.

Lamsa, George M. *My Neighbor Jesus*. St. Petersburg, FL: American Bible Society, 1932. —.
The Holy Bible from Ancient Eastern Manuscripts.

Philadelphia: Holman, 1935.
—. *Gospel Light*. Philadelphia: Holman, 1936.
—. *New Testament Origin*. San Antonio: Aramaic Bible Center, 1976.

Robinson, Theodore H. *Paradigms and Exercises in Syriac Grammar*. Oxford: Clarendon. 1962.

Whish, Rev. Henry F. *Clavis Syriaca: A Key to the Ancient Syriac Version Called "Peshitta", of the Four Holy Gospels*. London: George Bell & Sons, 1883.

Um CD com a pronúncia da Prece e das Bem-Aventuranças, com música para canto e meditação preparado e narrado em inglês por Neil Douglas-Klotz pode ser obtido nos seguintes endereços:

No Brasil:

TRIOM
Editora e Centro de Estudos
editora@triom.com.br

No exterior:

Abwonn Study Circle
www.abwoon.com